비싸야
잘 팔리는
**비상식적
마케팅**

ISSHUN DE CASH WO UMU! KAKAKU SENRYAKU PROJECT

by Masanori Kanda & Koji Sudo
Copyright © 2004 Masanori Kanda & Koji Sudo
Korean translation copyright © 2024 by Billybutton
All rights reserved.
Original Japanese language edition published by Diamond, Inc.
Korean translation rights arranged with Diamond, Inc.
through BC Agency.

이 책의 한국어판 저작권은 BC에이전시를 통해 저작권자와 독점계약을 맺은 빌리버튼에 있습니다.
저작권법에 의해 한국 내에서 보호를 받는 저작물이므로 무단전재와 복제를 금합니다.

사업의 본질은 제품 가격을 정하는 데서 시작한다

비싸야
잘 팔리는
비상식적
마케팅

스도 코지 지음, **간다 마사노리** 감수
김경인 옮김

빌리버튼 ^{billybutton}

가격이 모든 것이다
세상 모든 비즈니스의 성패를 좌우하는 요인

비즈니스의 성패는 궁극적으로 가격에 의해 결정된다. 제품이 아무리 좋고 고객에게 편리함을 아무리 많이 제공하더라도 가격을 잘못 책정하면 비즈니스는 제대로 돌아가지 않는다.

예를 들어, 젊은이들이 즐겨 입는 구멍 난 청바지는 몇천 엔짜리가 있고 수십만 엔 하는 것도 있다. 또, 수백만 엔의 학비를 들여서 대학원에 들어가야 배울 수 있는 수준의 지식을, 유튜브에서는 무료로 볼 수 있다. 이러한 세상의 흐름을 생각해보면 '제품이든 서비스든 콘텐츠든, 가격은 어떻게 결정해야 하는가?'라는 의문이 생긴다. 이 질문에 구체적인 답을 제공하는 것이 이 책의 목적이다.

가격을 결정하는 것은 제품의 품질이나 기능이 아니라 판매자가 그리는 '스토리'다. 이것이 가격 결정의 비결이다. 오늘날 한국이 K-팝과 K-드라마를 통해 최고의 스토리텔링을 보여주듯이, 제품에도 스토리를 담아야 하고 그것을 가격을 통해 드러내야 한다. '이 제품을 쓰는 사람은 어떤 감정을 느끼게 될까?' '이 제품을 사용하는 사람에게는 어떤 미래가 펼쳐질까?'를 생각하는 것이 브랜드를 만들어내는 열쇠다. 제품을 브랜드로 만들어내는 길은 여기에 있다. 가격은 그것을 구체화하는 방법이다.

이 책이 처음 세상에 나온 시기는 인터넷 사업이 막 떠오르던 때였다. 그 후로 적지 않은 시간이 흘렀다. 이 책이 한국에서 재출간되어 매우 기쁘다. 지금이야말로 한국 독자들이 이 책을 읽기에 가장 좋은 시기라고 확신하기 때문이다.

이 책의 공동 저자인 스도 코지는 모두가 인정하는 천재 사업가다. 그는 20대 때부터 가정교사 파견, 스티커 사진 단말기 판매 등을 시작으로 여러 가지 사업을 일으켜 크게 성공했다. 특히 NTT(일본전신전화. 일본 최대 통신기업으로 유선전화통신, 이동통신, 인터넷 서비스, 금융 등의 사업을 운영한다. 2024년 4월 26일 현재 일본 주식시장 시가총액 6위에 오른 대기업이다)의 ISDN(인터넷 전용선) 판매대리점을 운영했을 때는 단 두 명의 직원을 데리고 겨우 2년 만에 내로라하는 대기업들을 누르고 전국 판매 실적 1위에 올랐다.

비즈니스를 확장하는 천재적인 감각을 가진 사람은 많다. 그 부분만 얘기하자면 성공한 기업가는 얼마든지 있다. 문제는 그 다음이다. 사업을 키우고 넓힌 결과, 큰 성과를 앞에 놓고 자만에 빠져서 실적이 급락하고, 주식시장에 기업공개를 할 정도로 우수했던 벤처기업도 상장 직후 무섭게 추락하고 마는 기업은 셀 수 없이 많다. 사업가로서 스도 코지가 놀라운 점은 이 부분에서 나온다. 그는 NTT의 최우수 지점을 만들며 어마어마한 현금을 긁어모으던 때에 갑작스레 사업 축소라는 결단을 내렸다. 주위 사람들은 "사업이 이렇게 잘되는 시기에 왜 그만두는 겁니까? 너무 아깝잖아요!"라며 놀라워했다. 그러나 그가 사업을 철수한 이듬해, NTT는 대리점 수수료를 대폭 삭감했다. 사업을 계속 했더라면 상당한 손실을 보았을지도 모를 일이다. 이처럼 그는 세상의 흐름을 정확히 읽어내는 능력이 탁월했다.

이뿐만이 아니다. 성공을 거두고도 자신의 경영 원리나 노하우를 객관적으로 설명하지 못하는 경영자가 많은데, 스도 코지는 지극히 논리적으로 누구라도 이해하기 쉽게 설명하는 능력도 갖추고 있다.

그는 가격 결정 이론에 통달한 연구자일 뿐만 아니라 확고한 신념을 가진 실천가다. 그는 NTT의 ISDN 회선 판매사업을 시작했을 때, 상담을 위해 나를 찾아왔다. 그때 커다란 상자 네 개 분량의 자료를 내 사무실로 보내왔다. 불안한 마음으로 열어보니, 일본 각 지역의 전화번호부가 빼곡히 차 있었다. 게다가 전화번호부에 실린 경쟁사의 모든 광고에 포스트잇이 빠짐없이 붙어 있었다.

우리는 경쟁사의 광고를 보면서, 어떻게 하면 이길 수 있을지를 검토했다. 그때 스도 씨는 상담 중에도 마음에 걸리는 회사가 있으면 "이 회사에 한번 전화해볼까요?"라며 그 자리에서 휴대전화를 꺼내 전화를 걸었다. 손님을 가장하여 경쟁사의 제품 가격과 판촉 문구, 전화 응대 수준 등을 알아내는 것이다. 물론 경쟁사를 조사하는 것이 중요한 일이긴 하지만, 사장이 직접 손님인 척하며 한 치의 주저함도 없이 전화를 거는 모습을 보고는 등골이 오싹해지고 말았다. '이 사람과는 절대로 사업으로 경쟁하면 안 되겠구나!'라는 생각이 들 정도였다.

나와 스도 코지는 이 책에서 제품의 가격을 결정하는 방법을 알려주고자 한다. 가격을 정하는 핵심 원리는 다음과 같다. 제품(서비스/콘텐츠)의 가격은 기능이나 품질이 아니라 '파는 사람이 그리는 스토리'로 결정된다. 여기서 스토리란 서사 구조를 갖춘 이야기를 말하는 것이 아니다. 제품이나 서비스를 사용자 입장에서 사용하는 모습을 머릿속에 그리고 그 과정에서 발생할 수 있는 갖가지 일을 상상해보는 것을 말한다. 즉 고객을 깊이 이해하고, 고객이 마주칠 고민을 생각하고, 그 고민의 해결책을 찾기 위해 조사하고 알기 쉽게 표현하는 것이다. 이렇게, 제품의 가격에는 사용자를 생각하는 판매자의 마음이 담겨 있다. 판매자는 제품의 모든 것을 속속들이 알아야 하고 그것을 사용자에게 잘 알려야 한다. 따라서 가격 결정의 달인이 되려면 자신의 가치를 올바르게 인식하고 그 가치를 다른 사람에게 적절하게 전달하는 능력을 갖추어야 한다. 궁극적으로, 가격을 결정하는 과정에서 비즈니스가 무엇인지, 고객에게 무엇을 주어야 하는지, 회사를 어떻게 운영해야 하는지 등 사업과 관련된 모든 고민을 하게 된다.

이 책을 읽는 모든 분이 안이한 경쟁에서 벗어나 '삶의 가치와 기쁨을 고객에게 제공한다'라는 비즈니스 본연의 모습을 되찾게 되기를 바란다.

— 간다 마사노리

일러두기

본문에 나오는 가격은 일본 엔화 기준이며 가격의 상대적인 증감을 나타내는 데 용이하도록 한국 원화로 바꾸지 않았습니다.

차례

1장 사업의 성공을 결정하는 질문
- 지금 이 가격이 적당한가?

2장 저가 경쟁이 불러온 비극
- 일본 맥도날드는 왜 실패했는가

사업의 성공을 결정하는 질문: 지금 이 가격이 적당한가?

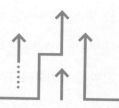

성공의 비결은
가격 인상

수익을 단기간에 최대화시키는 전략

현대 자본주의 시장에서 기업 간 경쟁이 치열해질수록 제품의 가격은 낮아지는 경향이 있다. 즉 '비싸면 안 팔린다'라는 주장이 상식으로 통한다.

하지만 정말 그럴까? 실제로 '싸도 팔리지 않는' 제품이 있고, '비싸도 잘 팔리는' 제품이 있다. 저가격 경쟁은 거들떠보지도 않으면서 높은 이익을 올려 돈을 버는 회사가 있다. 그 차이는 과연 어디에서 나올까?

바로 프라이싱^{Pricing}, 즉 가격 결정이다. 여기서 가격 결정이란 단순히 판매가를 결정하는 일이 아니라 고객의 감정에 맞는 가격을 설정하고 그 가격에 걸맞은 가치를 창조하는 전략을 말한다.

이 책이 의도하는 바는 한마디로, 중소기업에게 꼭 필요한 가격 인상 전략을 터득하도록 하는 것이다. 솔직히 말해, 중소기업이 지금 같은 격동의 경제 상황에서 살아남는 방법은 가격 인상밖에 없다. 가격 인상 전략은 아주 짧은 기간에 수익을 배로 증가시키는 가장 유효한 수단이다. 이러한 가격 인상 전략을 나 자신의 경험과 사례, 그리고 최신의 가격 조사 방법과 가격 결정 방법 등을 토대로 여러분에게 전수하는 것이 이 책의 궁극적인 목적이다.

우선 '안 싸면 안 팔린다', '싼 것이 잘 팔리는 것은 당연하다'는 고정관념을 버리고, 고가격을 책정하여 부가가치를 창출하고 이익을 높인 상품을 파는 것이야말로 중소기업의 성공 조건이라는 인식부터 가져야 한다.

직원 2명으로 전국 최고가 될 수 있었던 이유

내가 운영하는 주식회사 패스미디어는 1998년에 NTT의 정규 대리점으로 통신사업에 참여했다. 2001년에는 당시 NTT의 주력 상품이었던 ISDN 회선의 중개 실적에서 전국 최고의 성적을 달성할 수 있었다.

이 사업에는 NTT 계열의 자회사는 물론이고 빅카메라, 요도바시카메라, 코지마, 베스트전기 등 대형 가전회사들도 참여했다. 거기에 대형 상사들도 뛰어들어 덩치 큰 업체들이 모두 경쟁을 벌였다. 그러나 당시 우리 회사는 매장 2개에 직원은 2명뿐이었다. 그런데도 앞서 말한 모든 대형 경쟁사들의 신청 건수 총 합계를 웃도는 신청 건수를 기록했고, NTT에서 전국 최고 실적을 올려 표창까지 받았다. 최전성기에는 다른 대리점의 1년치 평균 주문 건을 단 하루에 받았을 정도다. 그만큼 월등한 성적으로 전국 최고의 자리에 섰다.

믿기 힘들겠지만 사실이다. 그렇다면 어떻게 이 같은 결과를 얻을 수 있었는가?

상식적으로 생각하면 마케팅이나 영업 능력, 파격적인 광고 전개 등이 떠오를 것이다. 아니면 탄탄한 자금력이나 철저한 물량 공세를 떠올리는 사람도 있을지 모른다. 그런 것들도 어느 정도는 공헌했지만, 그 어느 것도 직원 2명에 자금력도 없는 지방의 소기업이 중점적으로 취할 수 있는 전략은 아니다. 더구나 그 사업에 참여하던 당시에는 유한회사였다. 그렇다면 무엇이 성공 요인이었을까?

진짜 성공 요인은 바로 높은 가격에 있었다.

우리 회사의 서비스 가격은 업계 대비 약 6배가 높았다. 심지어 가격 인하 경쟁으로 다른 회사가 0엔이라는 덤핑 전략을 펼칠 때도 우리 회사는 29,800엔이라는 비싼 가격대를 유지했다.

표 1-1의 그래프를 보자. 29,800엔의 일직선이 내가 채용했던 고가격 전략이다. 우하향선을 그리는 것이 경쟁사의 평균가격이다. 그것은 25,000엔, 15,800엔, 14,800엔으로 내려가다가 결국에는 9,800엔, 5,800엔으로 떨어졌다. 수익 면에서는 사실 마이너스다.

표 1-1 패스미디어와 경쟁사의 가격 추이

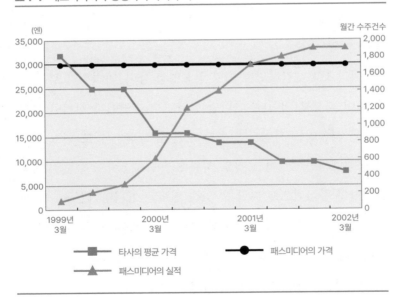

가격을 올리기로 결정하다

경쟁사는 점점 가격을 내린다. 우리 회사만 여전히 가격이 높다. 그 상태에 박차가 가해진다.

그 무렵의 나는 하루하루가 스트레스였다. 가격 경쟁에 휘말린 공포, 장래에 대한 불안, 직원의 사기 문제. 당연히 '정말 계속 팔릴까?' 하는 매출에 대한 걱정은 이만저만이 아니었다. 당시에는 스트레스 때문에 잠 못 드는 밤의 연속이었다. 그러나 나는 29,800엔이라는 고가격을 유지하기로 결정했다.

그 결과, 경쟁사가 가격을 내리면 내릴수록 신기하게도 우리 회사의 주문량은 늘어났다. 나중에 다시 언급하겠지만, 이것은 가격의 '품질 표시 기능'이 작용한 전형적인 예였다. 즉, 경쟁사는 소비자가 '너무 싸서 수상하다'라고 생각하는 가격대까지 내리고 말았던 것이다. 그러므로 경쟁사가 가격을 내리면 내릴수록 우리 회사의 주문은 증가하는 구도였다.

가격을 내리지 않아도 매출이 증가한다는 사실을 확인하고부터는 자신 있게 고가격대 전략을 밀어붙일 수 있었다. 하지만 그 단계에 이르기까지는 고민과 탐색의 연속이었다. 경쟁사가 가격을 내릴수록 우리 회사의 가격은 경쟁사보다 1.5배, 2배, 3배로 비싸졌기 때문이다. 나는 매일 '이 가격대로 가다가는 고객을 뺏

기고 말 것이다'라는 불안 속에서 보냈다.

그런 와중에 성공을 가져다준 것은 가격을 내리지 않겠다는 결단, 그리고 그 결단을 내리게 한 용기였다.

물론, 모든 업계와 모든 상품에 나의 사례가 들어맞으란 법은 없다. 구체적으로 말하자면 당시 인터넷서비스 업종은 '가격탄력성이 낮은 업계'였기 때문에 이 전략이 성공을 거둘 수 있었다. 구매 기회나 구매 빈도가 낮은 상품이고 업계였기에 이 전략이 적중했던 것이다.

그렇다고 '우리 회사는 그렇게 할 수 없다'라고 지레 포기하지 않기를 바란다. 어느 업계, 어떤 상품이라도 사실은 가격 전략으로 성공하기 위한 최대의 비결은 같기 때문이다. 그 비결이란 앞에서도 말했다시피 '가격 인상이라는 결단을 내릴 용기'다. 아무리 경영 이론과 경영 자원이 풍부해도, 사장인 당신이 결단하지 않으면 가격 인상이나 고가격 전략은 절대 성공할 수 없다.

가격을 정할 때는 경쟁사를 신경 쓰지 마라

우리 회사가 속한 업계에서 경쟁하는 다른 회사를 '경쟁사'로 줄여서 부르겠다. 경쟁사의 2배 이상이 되는 가격으로 판매한다고 하면 사람들은 보통 '그런 비싼 가격으로 팔릴 리가 없다'고 생각할 것이다. 하지만 나는 고가격을 고집했기 때문에 최고가 될 수 있었다.

그 이유를 설명하기에 앞서, 먼저 ISDN 회선에 대해 간단히 설명하겠다.

ISDN 회선이란 이른바 디지털 회선으로, 종래의 아날로그 회선의 약 5배의 속도로 인터넷을 할 수 있다. 2000년까지는 가장 일반적인 인터넷 접속의 회선이었다. 지금처럼 광통신이나 ADSL 회선이 보급되기 전까지는 인터넷을 보다 신속하게 즐기기 위한 수단으로는 ISDN이 유일했다.

내가 NTT 대리점으로 통신사업에 뛰어든 때는 1998년 겨울로, 마침 인터넷 붐이 한창 일던 시기였다. 아날로그 회선에서 ISDN 회선으로의 전환이나 '어차피 전화 회선을 새로 깔 거라면 인터넷 속도가 빠른 ISDN 회선으로 하자'는 사람들이 늘어나던 때였다. NTT도 당시 일본 최고의 인기그룹 스맙^SMAP을 CF에 등장시키는 등 홍보에 열을 올렸다.

그런데 ISDN 회선에는 TA^Terminal Adapter라는 고가의 전용 어댑터가 필요했다. 그 어댑터는 당시 4만 엔 이상이나 했고, 거기다 DSU^Digital Service Unit라는 장치도 필요했다. 그러니 ISDN 회선은 어느 업계에서나 가격이 비쌌고, 또 개통하기까지 과정도 복잡해 고객은 거의 법인뿐이었고 또 개인 상대로 적극적으로 판매하려는 기업은 거의 없었다.

그런데 인터넷 붐이 일자 ISDN 회선이 조금씩 보급되었고 어댑터 가격도 차츰 저렴해졌다. 지금 생각하면, 이것이 승부의 갈림길이었다.

어댑터의 매입가가 낮아지면 판매가도 낮아진다. 그렇게 되면 당연히 소비자가격도 내려간다. 이때 경쟁사가 취한 행동은 덩달아서 가격을 내린 것이었다.

비상식적으로 가격을 결정하다

그러나 당시 나는 단순한 질문을 던졌다.

'왜 가격을 내려야 하지?'

ISDN 회선을 깔려면 이래저래 품이 많이 든다. 먼저 몇십 종류나 되는 어댑터 중에서 자기에게 맞는 것을 선택하는 것만 해도, 익숙하지 않은 사람이나 기계에 약한 사람에게는 여간 힘든 일이 아니다. 그런 다음에는 어댑터도 설치해야 한다. 그것도 두꺼운 사용설명서를 봐가면서 복잡한 명령어를 손수 입력해야 한다. 거기다 DSU 구입과 설정, 접속까지 남아 있다.

또 NTT에 신청서를 제출하는 것도 귀찮은 일이다. NTT의 접수 창구는 NTT 전 상품에 대한 안내 창구이기도 했던 탓에, 아무

리 그 당시 붐이었다고는 하지만 아직 전체 전화 회선의 10%에
도 못 미치는 ISDN 회선에 대해 좀 구체적인 질문을 했다 하면
"담당자에게 돌려드리겠습니다"라고 대기음만 들려주기 일쑤였
다. 한 건의 신청을 완료하는 데 보통 30분 이상 걸리는 것이 태
반이었다. 그 정도로 복잡한 절차를 거쳐야 겨우 신청할 수 있을
만큼 귀찮은 서비스가 ISDN 회선이었다.

'이런 수고를 우리 회사가 도맡아서 서비스로 제공하면 어떨
까?'

나는 그러는 편이 잘 팔릴 것이라고 믿었고, 그런 서비스를 필
요로 하는 사람만을 고객으로 받아들이면 된다고 생각했다.

그러한 서비스 제공을 위해 필요한 가격으로 설정한 것이 29,800
엔이었다. 흔히 원가나 경쟁사의 가격 등을 기준으로 하여 가격
을 설정하는 것이 상식이다. 하지만 그랬다가는 수익 면에서 차
츰 악화될 것은 불 보듯 뻔한 일이었다. 그래서 나는 상식으로
가격을 결정할 것이 아니라, 내가 제공하고 싶은 서비스를 실
현하기 위해 필요한 이익을 확보할 수 있는 가격을 설정하기로
했다.

'ISDN 회선을 쉽게 설치하고 안심하며 사용할 수 있는 환경'이
라는 부가가치 서비스를 상품화하자는 것이 핵심이다. 그것은 타
사와는 명백히 다른 전략이었다. 타사는 단순히 어댑터를 판매하

거나 ISDN 회선의 판매를 중개하는 것이 고작이었기 때문이다. 나는 가격 결정의 철학과 정책을 바꾸었다. 말하자면 비상식적인 가격 결정이었던 셈이다.

가격을 올리되 서비스 품질도 올린다

처음에 가격을 29,800엔으로 결정했을 때는 너무나 불안했다. 경쟁사의 가격은 갈수록 낮아지고 있었다. '우리도 가격을 내려야 잘 팔리지 않을까?' 하는 유혹에 시달렸다.

그런데도 29,800엔이라는 가격을 관철했던 것은, 우리가 생각하고 있던 서비스를 제공하려면 그만큼의 이익이 반드시 필요했기 때문이다. 바꿔 말하면, 이 정도의 이익이 남는 가격 결정을 했기 때문에 비로소 타사에게 뒤지지 않는 서비스와 판매력을 유지할 수 있었던 것이다.

서비스의 첫째는 어댑터의 선택이었다. 고객에게 이용 형태를 묻고, 그 필요에 맞는 어댑터를 준비한다. 그리고 사내에 어댑터 기기 설치 전문부서를 개설하여, 어댑터 내부에 있는 롬ROM에 고객이 원하는 데이터를 입력한 후 고객에게 배달한다.

물론 NTT에 필요한 절차도 모두 우리가 대신했다. 문제가 생겼을 때는 그것 또한 우리가 접수했다. 기계는 반드시 초기 불량이 있게 마련이다. 아무리 꼼꼼히 검토한 상품이라도 일정한 비율로 불량이 발생하게 되는데, 우리가 판매하던 어댑터도 예외는 아니었다. 통상 이런 초기 불량은 제조사가 응대하지만, 그렇게 되면 아무래도 시간이 많이 걸린다. 그것은 고객이 원하는 서비스가 아니다.

그래서 우리는 어댑터의 초기 불량조차도, 고객에게 일절 비용 부담을 지우지 않고 자사 부담으로 무상교환을 하도록 했다. 이와 같은 잠재적 리스크까지 모두 대처할 수 있었던 것도, 이런 불만이 어느 정도 발생할 것을 예측한 상태에서 가격을 결정함으로써 충분한 이익을 확보해두었기 때문에 가능했다. 타사보다 비싼 29,800엔으로 가격을 정했기에 비로소 그만한 서비스가 가능했던 것이라 할 수 있다.

이렇게 서비스를 충실하게 한 결과 고객이 우리에게 전화 한 통만 하면 모든 것이 해결되는 원스톱 서비스가 완성되었다. 이 것은 고객들에게 상당한 인기를 얻었다. 이 비즈니스 모델을 시작하고 3개월이 지나고 6개월이 지나면서, 나는 '이 가격이 정답이다!'라고 확신했다.

이 원스톱 서비스의 아이디어는 당시 닛코증권에서 힌트를 얻은 것이었다. 당시 닛코증권도 고객의 모든 요구를 충족시킬 수 있는 서비스를 찾고 있었는데, 이런저런 많은 조언을 구할 수 있었다.

지금은 ADSL 최대 기업 야후BB(브로드밴드)도 같은 방법을 취하고 있다. 야후BB의 성장 비결이 저가격 ADSL 서비스에 있다고들 하지만, 손정의 사장이 직접 말했듯이, 실은 옵션까지 포함한 소비자 단가는 야후BB가 가장 비싸다. 그 고가격을 유지할 수 있는 원동력도 이 충실한 원스톱 서비스에 있는지 모른다.

이익이 높은 적정한 가격 결정이 있었기에 비로소 가능했던 것이 또 한 가지 있다. 그것은 정확도 높은 광고 전개다. 그 결과, 같은 규모의 업자와는 비교할 수 없을 정도로 많은 광고를 낼 수 있었다. 광고란 다 알다시피 예측이 불가능한 것으로, 낼 때마다 그 반향이 달라진다. 신문이나 잡지에 내는 광고의 경우는 매체별 반향도 달라진다. 그런 만큼 매체의 신용도를 알아야 할 필요도 있다.

그 신용도를 알아내기 위해 주로 사용한 것이 테스트 광고였다. 그것은 주문을 받기 위해서가 아니라, 오로지 매체의 힘을 측정하기 위해서 내는 광고였다. 광고마다 6행 이상의 광고 코드라는 식별번호를 다르게 하여, 시범적으로 광고를 내고 그 반향을 조사한다. 주문을 하지 않더라도, 전화를 걸어온 모든 사람에게 그들이 본 광고의 광고 코드를 불러주도록 부탁한다. 이른바 효과 측정이라는 것이다. 그 결과 광고매체별 효과, 요일별 효과를 파악할 수 있다. 이 방식을 충분한 여유를 가지고 실행한 결과, 정확도 높은 광고 전개가 가능해졌다.

광고를 많이 내는 것은 중요한 일이다. 회사의 매출이 올라가는 것은 물론, 무엇보다 더 많은 사람에게 상품의 존재를 알릴 수 있으니 말이다.

아무리 우수한 상품이라도 소비자에게 알려지지 않으면 팔리지 않는다. 그렇게 사라져버린 우수한 상품이 세상에는 셀 수 없이 많다. 그만큼 광고나 판매 루트 등의 유통은 경영에서 너무나 중요한 요소다.

최근의 상품 중 전동칫솔을 예로 들어보자. 예전에는 주로 통신판매를 통해 유통되는 것이 고작이었는데, 차츰 치과 같은 전문 기관에서 판매되었다. 그러더니 이내 약국, 일용품 판매점, 슈퍼마켓 등으로 판매망을 넓혀갔고, 지금은 편의점에서도 판매되고 있다. 자연히 보게 되고 사게 되는 사람도 늘어나게 되었다. 소비자의 인기를 얻는 상품이면 당연히 그에 비례하여 매출도 올라가게 된다. 이렇게 판매망을 확대하다보면, 상품의 인지도는 높아지고 또 잘 팔리게 되는 것이다.

광고를 많이 내는 것은 유통의 확대와 같은 효과가 있다. 광고란 이른바 가게와도 같은 것으로, 광고를 많이 낼 수 있다는 것은 그만큼 소비자에게 상품 정보를 전달할 기회를 증가시키는 것이기도 하다. 당연히 매출은 올라가게 된다. 그것을 실현시킬 수 있었던 것도, 테스트 광고를 할 여유를 가질 수 있는 충분한 가격 결정을 했기 때문이다.

경쟁사의 가격을 보고 자사 제품의 가격을 결정하는 방법이 대부분의 회사가 실행하는 방법이다. 그러나 나는 상품 제공자가 실현하고자 하는 부가가치나 서비스 체제 및 영업 비용까지 더한 '자사 이념 실현 기준'에 의해 가격을 결정했다. 그리고 타깃으로 삼은 고객이 불안해하지 않을 가격, 또 너무 비싸다고도 느끼지 않을 적정한 가격을 주저 없이 설정했다.

그 결과, 시장에 뛰어든 지 2년 반 만에 전국 최고의 실적을 달성할 수 있었다.

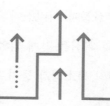

비상식에서 상식으로:
비쌀수록 잘 팔린다

편의점에서 비싼 삼각김밥이 잘 팔리는 이유

앞에서 나의 성공 사례의 일부를 소개했다.

하지만 독자들 중에는 '그것은 어디까지나 특수한 경우이고, 역시 가격을 올리면 팔리지 않게 되는 것 아니냐?'라고 의문을 품거나 불안해하는 사람도 많을 것이다.

무리도 아니다. 가격을 올리면 판매수량이 감소한다는 것은 일반적으로 알려진 상식이다. 나도 처음에는 불안했고, 내가 결정한 가격에 확신을 갖지 못했었다. 그래도 고객이 불안해하지 않을 가격, 또 제공하고 있는 상품과 서비스에 적합한 가격을 관철해가는 동안, 차츰 자신감과 확신을 갖게 되었다. 상품이 팔리게 되면서 고객으로부터 지지의 목소리가 들려오고 새로운 고객을 소개해주기도 했기 때문이다.

당시 특히 내게 자신감을 주었던 것은 NTT 본사 직원 몇 명이 우리 회사를 통해 주문을 한 일이었다. 자사에서 직접 신청하지 않고 일부러 대리점인 우리 회사에 주문할 정도로 우리는 신뢰를 얻고 있었던 것이다.

그래도 여전히 '싸야 팔리는 것 아니야?'라고 반론을 제기하는 사람도 있을 것이다. 하지만 정말 그럴까? 실제로 많은 경영자들이 '가격을 내려도 상품이 안 팔린다'라며 골머리를 앓고 있지 않은가?

반대로 적정한 가격을 정하고 그에 맞는 서비스와 품질을 제공하는 회사나 상품은, 비싼 가격에도 매출이 증가하는 것이 현실이다.

알기 쉬운 예를 하나 들어보자. 지금의 편의점 업계는 '편의점 불황'이라고 할 만큼 매출이 저조한 상태다. 하지만 그런 불황 속에서도 여전히 대폭적인 매출의 증가를 보이며 편의점의 매출을 지탱해주는 상품이 있다. 고가의 삼각김밥이 그렇다.

보통 삼각김밥의 가격은 100엔에서 130엔 정도다. 그런데 지금 잘 팔리는 것은 160엔에서 200엔 가격대의 삼각김밥이다. 물론 그냥 비싸기만 한 것은 아니다. 밥은 니가타산 최고 등급 쌀을 사용하고, 속재료로는 홋카이도산 연어알이나 고토 열도산 참돔을 사용하는 등, 일반 김밥보다 품질을 높였다.

삼각김밥뿐만이 아니다. 예를 들어 세븐일레븐은 맥주회사 기린과 함께 '순한 공방'이라는 맥주를 개발했다. 일반 맥주보다 20~30% 비싸지만 매출은 순조롭게 상승세를 타고 있다. 주스 분야에서도, 카고메(창업 100년이 넘은 일본의 식품제조·판매회사)와 협력하여 한 캔에 250엔이나 하는 온슈(감귤로 유명한 와카야마현의 지방) 감귤 생주스를 발매해서, 한 달 만에 30만 개나 팔렸다.

이런 고가격에 어울리는 상품을 제공할 수 있었던 것은 그 상품 제공을 지지하기 위한 구조를 갖추고 있었기 때문이다. 세븐일레븐의 경우 JIT(Just In Time, 생산에서 재고를 없애는 시스템 전략)이라는 유통 시스템이 정비되어 있었기 때문에 맥주든 주스든 신선한 상태의 제품을 제공할 수 있었다.

이런 고가격 상품을 구매하는 고객은 40대에서 50대의 중년층이 대부분이라고 한다. 그때까지의 싼 가격의 삼각김밥이나 주스로는 만족하지 못했던 사람들, 보다 질 높은 서비스나 품질을 추구하던 사람들이다.

여기서 유념해야 할 포인트는 '당신은 자신의 상품을 어떤 고객에게 팔고 싶은가?' 하는 것이다. 그러기 위해서는 어떤 마케팅이 필요하고, 어떤 사내 조직이 필요한가? 고가격대의 상품을 팔기 위해서는 필연적으로 전략적인 사고방식, 즉 '구조 발상'이 요구된다.

가격을 2배 이상 올려 성공한 미용실

다른 예를 들어보자. 내 친구 중에 미용업계에서는 '카리스마 미용사'로 유명한 카나이 유타카라는 사람이 있는데, 그가 경영하는 미용실 살롱 '리츠'의 성공 사례다.

보통 미용실의 커트 요금을 포함한 평균적인 소비자 단가는 5,000엔에서 6,000엔 정도다. 그런데 리츠에서는 그 2배 이상인 1만 엔이 넘는 금액을 받고 있다. 그는 3배 가격이 목표라고 말한다. 당연히 고객의 두터운 지지를 얻고 있고, 대부분이 입소문을 듣고 오거나 재방문한 고객이다. 실적은 순조롭게 향상하고 있어 새로 사무실을 확장하기도 하고, 지금은 신규 살롱을 준비하는 중이다.

카나이에 따르면, 미용실 업계의 가격은 앞으로 틀림없이 양극화될 것이라고 한다. 그 이유는 두 가지다. 첫째, 전국적으로 확장되고 있는 '타야(1964년에 설립되고 2001년에 도쿄증권거래소 1부 상장)'라는 체인점이 미용 및 이용업계로서는 처음으로 주식 상장을 한 것이다. 상장은 곧 대중화이므로 일반적인 서비스 레벨의 미용 가격은 낮아지게 된다. 둘째, 'QB하우스'처럼 '1,000엔 커트' 미용실이 등장했다. 이제 업계의 평균가격은 점점 낮아지고 경쟁은 더욱 치열해질 것이다.

그 결과 '저렴한 비용으로 커트만 하면 된다'고 생각하는 고객과, 대중화와 저가격화에 저항을 느끼고 서비스 품질에 불만을 느끼며 '미용실에 가는 것 자체가 즐거움이고, 휴식의 시간'이라는 고품격 지향의 고객으로 양극화될 것이다.

이때 중요한 것은 '어떤 고객을 타깃으로 삼을까' 하는 것이다. 이 점을 생각할 때, 중소기업의 선택으로 올바른 것은 당연히 후자의 고급 전략이다. 저가격 전략은 그저 체력 소모만 클 뿐, 일시적으로 고객의 지지를 얻을지는 모르지만 오래가지 못한다. '싸다'는 것은 곧 '금세 질린다'와 같은 말이기 때문이다. 물론 단순히 가격만 올린다고 해서 고객의 납득을 얻을 수 있는 것은 아니다. 거기에는 가격에 걸맞은 서비스와 상품의 품질이 필요하다.

그렇다면 카나이 유타카는 어떤 서비스 철학으로 사업을 성공시켰는가? 그가 나에게 가르쳐준 성공 철학은 '고객이 예약 전화를 걸어온 순간부터, 살롱에 찾아와 머리를 하고 집에 돌아가서, 다음 날 그 고객이 친구와 만나는 순간까지가 우리 미용실의 상품이다'라는, 다른 경영자는 도저히 상상도 못 할 것이었다.

머리를 하고 샴푸를 하고 드라이를 해서 헤어스타일을 다듬는 것으로 끝나는 것이 아니라, 그 고객이 다음 날 친구를 만나서 "머리 멋진데!", "너무 잘 어울려!"라는 말을 듣는 그 순간까지가 리츠의 상품이라는 것이다. 이런 콘셉트가 있기에 비로소 가능한 고가격 전략이다(표 1-2 참조).

표 1-2 '리츠'가 고객에게 보낸 가격변경 안내문

늘 저희 리츠를 이용해주셔서 감사합니다.
이번에 카나이 유타카와 이타쿠라 미치루의 요금을 9월 1일부터 아래와 같이 변경하고자 합니다.
리츠의 미션인 '공감'을 구현하고, 고객님의 편한 안식처가 될 수 있도록 한층 더 노력하겠습니다.
앞으로도 저희 리츠에 더 많은 성원 부탁드립니다.

대표 카나이 유타카

현재 가격		개정 가격		실버 회원가	
커트	6,500	커트	8,000	커트	7,200
퍼머	13,000	퍼머	16,000	퍼머	14,400
염색	13,000	염색	16,000	염색	14,400

고객을 가게의 팬으로 만드는 전략

상품 철학과 동시에 필요한 것이, 그 철학을 실현하기 위한 행동이다. 그것이 없으면 경영은 성립될 수 없다.

앞에서 예로 든 미용실 리츠에서는 어떤 행동으로 상품 철학을 실현하고 있을까? 리츠에서는 고객 한 사람 한 사람에 대해 아주 상세한 고객카드를 작성하고, 정기적으로 편지를 보내고 있다. 단순히 고객을 받아서 머리를 손질해주고 끝내는 것이 아니다. 이 정도의 서비스는 다른 미용실에서도 하고 있을지 모르지만, 리츠가 정말 놀라운 점은 가게에 전화가 걸려오지 않는다는 것이다. 리츠는 전화벨이 울리지 않는 살롱이다.

가게에 예약 등의 전화가 걸려 오면 불가피하게 작업이 중단되고 만다. 그래서는 고객이 느긋한 시간을 보낼 수 없을 뿐 아니라, 다른 일을 하면서 예약접수를 하면 아무래도 이중예약 등의 실수를 범할 수도 있다는 것이다.

그래서 리츠에서는 접수 센터를 따로 설치하여 전 지점의 예약접수를 일원화시켰다. 그 결과, 작업을 방해받는 일이 없어진 것은 물론 다음과 같은 효과도 생겼다. 가게의 예약이 이미 다 찼을 때 '이때가 아니면 도저히 시간이 안 난다'라는 고객에게는 가까운 다른 지점을 소개할 수 있게 되었다. 특정 미용사에게 머리를 자르고 싶은 경우라면 별개지만, 같은 리츠 계열의 살롱에서 서비스를 받고 싶다는 고객에게는 더없이 좋은 서비스다.

또, 얼마 전에는 트리트먼트의 무료 서비스를 실시하였다. 염색이나 파마를 하게 되면 아무래도 머릿결이 상하게 된다. 그래서 리츠를 자주 찾는 고객에게 트리트먼트를 무료로 서비스해준 것이다. 그것은 '머릿결을 상하게 해서 죄송합니다. 머릿결 회복을 위해 무료로 트리트먼트를 해드리고자 합니다. 머리카락의 건강을 보강한 후, 다시 염색과 파마를 해주시길 바랍니다'라는 마음에서였다.

이런 충실한 서비스의 반복으로 고객은 가게의 팬이 된다. 팬이란 가격과는 상관없이 '무슨 일이 있어도 이 가게의 상품을 원해', '이 서비스를 꼭 받고 싶다'라고 느끼는 고객을 말한다. 가격 전략의 최종 목적은 고객을 자기 상품의 팬으로 만들 만큼의 브랜드력을 갖추는 것인데, 미용실 리츠는 바로 그 최종 목적을 실현하고 있다.

당신만은 치킨 게임에 휘말리지 마라

'싸야 팔린다', '비싸면 안 팔린다'라는 상식은 당신의 착각일 뿐이라는 것을 이제 알겠는가?

물론 싼 가격에 반응하는 소비자가 있기는 하지만, 반응하지 않는 소비자가 늘어나는 추세다. 특히 요즘에는 비싼 가격에 반응하는 소비자가 급증하고 있다. 그런데도 여전히 '가격을 내리면 잘 팔린다'라고 착각하는 경영자가 압도적으로 많다.

가격 인하는 결국에는 가격 경쟁을 초래한다. 가격을 내려도 판매량이 증가하므로 결과적으로 매출도 이익도 증가할 것이라고 기대하지만, 현실은 그렇지가 않다.

실행해본 사람은 잘 알겠지만, 가격을 내려도 판매량은 생각만큼 늘지 않는다. 잘되는 경우도 있지만, 중소기업의 경우 기껏해야 처음 1~3개월 정도다. 운이 좋아도 길어야 6개월에서 1년 정도이고 대기업이라도 3년을 넘지 않는다. 고객은 할인된 가격에 대해 처음에는 흥미를 보이지만 시간이 지나면 저가격에 무감각해지고 싫증을 내어 상품에 대한 관심이 급속하게 사라지기 때문이다. 결국 가격을 낮춘 효과는 일시적인 현상에 그치고 만다.

가격을 내려도 매출은 늘지 않는다. 당연히 이익도 늘지 않는다. 이익이 적은 데다 팔리지 않으니 경영은 갈수록 어려워지게 된다. 그 상황을 어떻게든 타개해보려고 또 가격을 내린다. 그럴수록 경영은 흔들리고 만다. 그렇게 적자의 수렁에 빠지고 마는 것이 가격 인하의 실태다.

저가격 전략으로 성과를 올릴 수 있는 것은, 시장을 독점할 수 있는 대기업 중 매출 1위인 기업일 뿐이라고들 한다. 그런 기업이라면 모르지만 경영 체력이 약한 중소기업은 절대 살아남을 수 없다. 게다가 최근에 우리는 시장의 독점적인 대기업이라도 저가격 전략으로는 브랜드력을 상실하고 적자에 허덕이게 되는 새로운 현실을, 맥도날드의 사례를 통해 보았다.

그렇다면 저가격 전략, 가격 인하 전략, 최저가격 경영이란 대체 어떤 경영일까?

가격을 내려도 제품은 그리 잘 팔리지 않는다. 아니, 정확히 말하면 일시적으로는 팔리지만 장기적으로 보면 자기 목을 자기가 조르는 결과를 초래할 뿐이다. 즉 가격 인하 전략이란 단순하게 말하면 '가격을 내려도 팔리지 않는 제품을 가격을 더 내려서 팔자'라는 전략이다.

이런 불합리한 논리가 어디 있는가? 그런데도 대부분의 경영자는 이 같은 바보 같은 일을 죽어라고 반복하고 있다. 한 회사가 가격을 내리면 옆 회사도 가격을 내린다. 그러면 그 뒤에 있는 회사도 덩달아 가격을 내린다. 그러면 처음 가격을 내린 회사는 해보잔 듯이 다시 또 가격을 내린다. 소비자의 요구나 감정은 고려하지 않고, 단순히 경쟁사의 자존심 싸움으로 끝없이 가격을 깎으며 치킨 게임을 벌이는 셈이다.

당신은 경영자로서 가격 인하의 연쇄에 동참하고 싶은가? 대답은 '아니오'일 것이다. 이 책을 읽을 만큼 현명한 경영자라면 틀림없이 '그런 경영은 하고 싶지 않다'라고 생각할 것이다.

고객의 감정에 근거한 가격 인상 전략

어떻게 하면 이런 가격 인하의 굴레에서 벗어날 수 있을까?

'고객의 감정에 근거한 가격 인상 전략'을 실천하면 된다. 그렇게 하면 대부분의 기업은 가격 인하 경쟁에서 벗어날 수 있다. 나아가 '가격 인상'을 당당하게 실천할 수 있게 될 것이다.

다른 수익 증가 방법과는 달리 가격 인상 전략에는 거의 투자가 필요 없다. 신상품 개발도 필요 없다. 새로운 인재를 채용할 필요도, 지점을 확장할 필요도 없다. 그러고도 순식간에 현금을 배로 증가시킬 수 있다. 필요한 것은 정보나 가치를 상품화시킬 수 있는 치밀한 전략과 단호한 결의, 그리고 실천하는 용기뿐이다.

가격을 인상할 용기가 없다거나 가격 인상을 성공시킬 방법을 모르겠다는 사람도 많을 것이다. 물론 아무것도 안 하고 가격만 올리면 고객은 외면하고 말 것이다.

이제부터 실제 사례를 통해 가격 인상을 성공시킬 노하우를 본격적으로 살펴보자.

2장

저가 경쟁이 불러온 비극: 일본 맥도날드는 왜 실패했는가

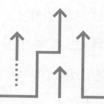

가격 인하 경쟁은
치킨 게임이다

일본 맥도날드가 실패한 진짜 이유

1장에서는 가격 인상 전략의 성공 사례를 소개하고, 가격을 올리는 데는 전략적인 사고방식이 필요하다는 것을 서술했다.

하지만 당신은 아직 '싼 물건이 잘 팔리게 되어 있다'라는 고정관념을 완전히 버리지 못하고 있을지 모른다. 그런 당신을 위해 가격 인하의 무서움을 실감하게 될 사례를 소개하고자 한다.

저가격 전략으로 실패한 기업의 전형적인 사례는 바로 일본 맥도날드다.

일본 맥도날드는 1971년 도쿄 긴자에 1호점을 오픈했다. 당시 햄버거 가격은 80엔이었다. 그 후 물가 상승으로 햄버거 가격은 올라서 1985년에는 210엔이었고 1995년까지 10년간 쭉 같은 가격을 유지했다. 그 사이 지점 수도 매출도 꾸준히 증가했고, 일본에 햄버거와 감자튀김이라는 새로운 식문화를 정착시켰다.

맥도날드는 1995년에 큰 전환점을 맞게 되었다. 한 개에 210엔이던 햄버거를 130엔으로 내리는 대담한 가격 인하를 단행하고, 동시에 위성 지점이라고 불리는 소형 매장을 적극적으로 내기 시작했다. 과감한 가격 인하로 매출은 폭발적으로 증가했고, 매장 수도 순식간에 급증했다. 당연히 경상이익도 급격하게 상승했다.

그런데 사실 맥도날드는 가격 인하 전략을 실시하기 전에 신상품 도입 전략을 펼쳤다가 여러 번 실패한 적이 있다.

맥도날드는 1991년에 중화요리를 도입한 메뉴 '맥 챠오'를 판매했다. 이것은 화젯거리가 되어 일시적으로 판매가 늘기는 했지만, 이듬해인 1992년에 중단되고 말았다. 그해 점심 메뉴로 카츠카레와 삼각김밥을 판매했지만, 역시 매출은 오르지 않았다. 오르기는커녕 1991년에서 1995년 사이, 맥도날드의 매출은 떨어지고 만다. 그 위기감이 신상품을 모색하도록 했던 것이리라. 한때 우동을 판매한다는 이야기까지 있었을 정도다.

가격 인하로 인한 매출 급증은
일시적인 현상일 뿐이다

그런 신상품 전략을 모색하고 실패하기를 거듭한 후, 새롭게 저가격 전략을 내세우게 되었다. 그리고 그것이 멋지게 맞아떨어졌다. 하지만 맞아떨어졌을 뿐 결코 성공한 것은 아니다. 이 차이가 중요하다.

맥도날드는 신제품 발매나 캠페인 같은 새로운 정책을 실시할 때, 반드시 테스트 마케팅을 거친 후 전 매장에 도입한다. 이때의 가격 인하도 일부 매장에서 먼저 실시하여 소비자의 반응을 확인하고 매장 개선, 식재료 확보, 배송 체계 등을 새롭게 만들어 새로운 체제를 구축했다. 그리고 난 후 전 매장으로 확대해갔다.

그런데 맥도날드는 1995년에 가격을 인하하면서 큰 실수를 범하고 말았다. 테스트 마케팅에서 매출이 급증하자 '역시 고객은 맥도날드에게 새로운 상품 개발보다 가격 인하를 기대하고 있었다'라고 잘못 해석했다. 즉 햄버거 가격 210엔은 고객이 허용할 수 있는 가격이 아니었으며, 130엔이야말로 고객이 원하는 가격이라고 믿어버린 것이다.

착각에 불과했던 믿음을 바탕으로, 맥도날드는 전 매장에 공식적인 가격 인하를 실시했다. 곧 매출이 급증했고 맥도날드는 성공했다고 생각했다. 그러나 가격 인하와 매출 급증은 운좋게 맞아떨어진 것뿐이었다. 고객이 진정 그 가격을 인정했기 때문이 아니라 그저 호기심으로 몰려든 것뿐이다. 호기심이 사그라들고 나면 고객은 곧 발길을 돌리게 된다. 그것이 지금 맥도날드의 고민거리다.

2000년을 맞이하면서 맥도날드의 매출은 한계에 이르렀다. 이때 맥도날드는 또다시 저가격 전략을 택하고 말았다. 그해 2월에는 평일의 햄버거 가격을 130엔에서 그 절반인 65엔으로 덜컥 가격을 내렸다. 이는 다시 고객들의 호기심을 자극하여 일시적으로 매출이 증가하는 듯했지만, 금세 매출은 정체되었다가 급기야 떨어졌고 수익성도 급락하고 말았다.

2년 후인 2002년 2월에는 수익성을 회복시키고자 평일 가격을 80엔으로 올렸다. 그런데 이번에는 판매 개수가 줄어들자 같은 해 8월에는 59엔으로 다시 가격을 내릴 수밖에 없었다. 다시 가격을 내린 덕분에 잠시나마 매출이 오르는 것 같았지만, 이번에는 이익이 아예 없어지고 말았다. 그래서 다음 해 2월에는 수익성 회복을 위해 일부 상품의 가격 인상을 시도했다. 이렇게 되면 소비자의 신뢰를 상실하는 것은 시간문제다. '도대체 그 가격의 근거가 뭐야?'라고 생각하게 되는 것이다.

결과적으로 2002년 4분기의 맥도날드 연말결산은 당기손익이

23억 엔의 적자로 나왔다. 최종 적자는 창업 직후였던 1973년 4분기 이래 29년 만의 일이다. 거기다 다음 해인 2003년도에는 창업 이래 처음으로 지점을 줄이기 시작했고 결국 전국에서 180개 지점이 문을 닫고 말았다.

그 후 맥도날드의 부진은 여러분도 잘 아는 대로다. 미국 본사에서 경영진이 파견되어 구체제를 일신하고 새로운 브랜드 만들기에 심혈을 기울였다. 하지만 한번 잃어버린 소비자의 신뢰와 실추된 브랜드 이미지를 다시 세우는 것은 하루아침에 할 수 있는 일이 아니다.

1980년대부터 시작된 맥도날드의 경영 모색과 가격 인하. 그것은 명백한 '가격 인하 전략의 실패'라는 형태로 우리에게 엄청난 교훈을 주었다. 설령 가격 인하로 인해 매출이 급증하더라도 그것은 일시적인 현상에 불과할 뿐이고, 호기심 때문에 일시적으로 팔리는 것뿐이라는 교훈이다. 아무리 최고의 시장점유율을 자랑하는 기업이라도 가격 인하로 이익이 줄어들면 결국 경영 자체가 힘들어진다는 것을, 맥도날드는 몸소 가르쳐준 것이다.

우리는 일본 맥도날드의 용기 있는 행동에 경의를 표하며, 새로운 시대의 경영 전략으로 삼아야 한다. 그것이 경쟁사의 사례를 통해 배우는 기업가로서의 도리다.

눈앞의 매출보다 신뢰가 더 중요하다

다른 시각으로 보면, '맥도날드의 가격 인하 전략은 실패로 끝나지 않아도 되었을 텐데' 하는 안타까운 생각이 든다. 맥도날드는 가격 인하로 성장이 계속되는 동안 다음 돈벌이가 될 상품을 서둘러 개발했어야 했다.

맥도날드에서는 그것이 차일피일 미뤄지고 말았던 것이다. 그것이 바로 비극을 키운 원인이었다고 생각한다. 신상품 만들기에 소홀했기 때문에, 현재 상품의 가격을 계속 내려서 성장을 유지할 수밖에 없었던 것이다. 현재의 가격에 별 반감 없이 상품을 구매하는 고객이, 가격이 내렸다고 해서 한 개 먹을 햄버거를 두 개, 세 개 먹게 된다고는 생각하기 어렵다. 그런 단순한 점에서 맥도날드는 첫 단추를 잘못 끼운 것이 아닌가 하는 생각이 든다.

또 가격의 무분별한 변동은 고객의 신뢰를 상실하고 마는 결과를 초래했고, 맥도날드에는 결국 '싸니까 사먹는다'는 고객만 남게 되었다. '싸니까 산다'는 고객이란 결국 '안 싸면 안 사겠다'는 고객이다. 가격에 움직이는 고객은 가격이 오르면 결국 등을 돌리고 만다. 그런 고객에 의해 매출이 결정되었다는 것 자체가 비극을 초래하게 된 원인이다.

또 한 가지, 맥도날드 사례에서 반드시 짚고 넘어가야 할 것은 주식 상장에 관한 것이다. 맥도날드는 2001년 7월에 일본 자스닥 JASDAQ(신규 창업기업이나 성장세가 빠른 소형주 위주의 시장)에 주식을 상장했다. 그런데 이 주식 상장과 저가격 전략이 아무래도 연관이 있는 것처럼 보인다.

표 2-1과 2-2를 보면 알 수 있듯이, 맥도날드는 2002년 결산에서 처음으로 매출이 하락했다. 상장 직후에 매출이 하락한 것이다. 상장 직후에 실적이 악화되는 기업은 흔하다. 이것을 나는 '실속 상장'이라고 하는데, 이것은 상장하기에 적합한 매출과 이익을 올리기 위해 무리하게 수치를 만들어낸 반동으로, 상장 직후에 실적이 곤두박질치고 마는 전형적인 예가 아닐까.

사실 맥도날드는 주식 상장을 한 직후에 저가격 전략을 버리고 상장한 이듬해인 2002년에 가격 인상을 시도한 적이 있다. 이것을 보더라도 맥도날드가 가격 인하에 따른 실적 확대에 매진하지 않을 수 없었던 또 하나의 이유가 상장 계획 때문이었음을 알 수 있다.

상장을 하려는 기업은 그에 적합한 실적을 올리지 않으면 주주의 지지를 얻을 수 없다. 무엇보다도 실적이 한참 향상되고 있는 동안에 상장을 하지 않으면 최고의 주가를 받을 수 없다. 공개하는 최초의 주가가 공모가격을 밑돌면 기존의 주주로부터 신랄한 비판을 받게 되고, 사전에 그런 예상이 감돌면 최악의 경우 상장 자체가 불가능해질 수도 있다.

그래서 맥도날드는 능력 있는 기업, 앞으로도 실적을 꾸준히 올릴 수 있는 기업이라는 인상을 심어주기 위해, 무리해서라도 실적 향상을 지상과제로 하는 경영을 했던 것은 아닐까? 그 방법으로 가장 손쉬운 것이 가격 인하였기에, 상장에 성공할 때까지 가격 인하 전략에 매진했고, 상장이라는 목적을 달성한 후에야 마침내 장기적인 전략으로 돌아서서 신뢰와 브랜드력 구축을 고려한 것은 아닐까? 이런 사정도 가격 인하 전략의 마이너스 부분을 확대시킨 요인이 되었을 가능성이 크다.

맥도날드는 2002년부터 가격 인하 전략을 버리고 가격 인상 전략으로 돌입하였고, 2003년 들어서는 대대적인 방향 전환을 꾀했다. 250엔의 스모크비프샌드위치, 220엔의 남프랑스풍 라따뚜이 샌드위치 등 저가격 전략과는 별도로 몇몇 신상품을 발매했다. 고가격대의 상품을 발매함으로써 소비자 단가를 올리려는 전략으로 변경한 것이다.

지점 자체도 '양보다 질'을 우선시하고 입지 특성에 맞는 지점 패턴을 개발하고 있다. 맥팔Mcpal이라는 영어 교실을 매장 내에 설치하는 등, 저가격이 아닌 부가가치로 고객을 불러 모으기 위해 필사적인 노력을 아끼지 않고 있다.

표 2-1 맥도날드의 햄버거 가격과 매출의 관계

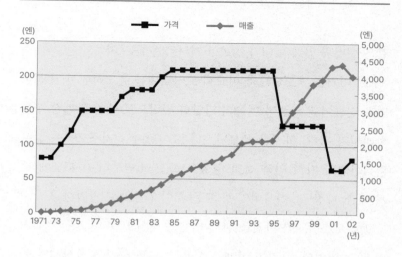

표 2-2 맥도날드의 햄버거 가격과 경상이익의 관계

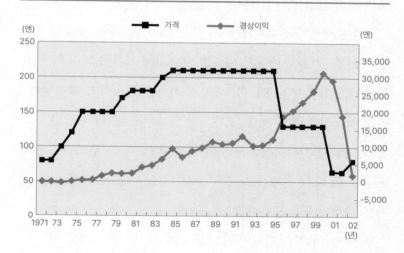

출처: 일본 맥도날드 주식회사의 홈페이지 자료

맥도날드의 실패를 따라가고 만 모스버거

같은 햄버거 업계의 대가, 모스버거의 경우를 보자.

모스버거는 맥도날드와 비교해 고가격대를 유지하면서, 주문시 바로 만들어낸 상품과 메뉴의 다양화 전략으로 매출과 매장 수를 확대시켜 왔다. 하지만 맥도날드나 요시노야나 거스토Gusto 같은 외식산업의 가격 인하 붐의 영향으로, 1996년부터 1998년에 걸쳐 매출, 매장 수, 경상이익 등 모든 것이 감소하고 말았다.

그때 모스버거가 반전을 위해 내세운 것이 1997년 7월의 '신가치 선언'이었다. 유기농 야채를 사용하는 등 품질을 향상시켜 상품의 가격 인상을 단행했다.

그런데 매장이 설비에 돈을 들였음에도 불구하고, 매출은 좀처럼 오르지 않았다. 매장의 새로운 설비 비용이 회수되지 않은 프랜차이즈 가맹점 사장들이 '새로 투자한 비용이라도 돌려달라!'라고 목소리를 높일 만큼, 프랜차이즈 조직도 큰 타격을 입게 되었다. 게다가 기사회생을 꿈꾸며 이듬해에도 같은 캠페인을 실시했지만 또 다시 실패했고, 결국 1999년에는 맥도날드의 뒤를 이어 저가격 상품을 도입하고 말았다.

모스버거의 팬은 가격이 아닌 품질과 서비스에 기대를 거는 사람들이 많기 때문에, 당연히 저가격 상품이나 가격 인하 효과는 부진할 수밖에 없었고 주력상품의 가격 인하에도 불구하고 매출은 계속 감소했다. 그것은 표 2-3과 2-4의 그래프를 보면 여실히 알 수 있다.

이런 흐름에서 알 수 있는 모스버거의 실패 원인은, 자사의 강점과 소비자의 기대를 잘못 파악한 데 있다. 안이하게 경쟁사를 따라한 결과, 자사의 정책 방향을 잃어버리고 만 것이다.

매출은 좀처럼 오르지 않고 새로운 성장곡선을 모색하고 새로운 흐름에 올라타지 못하고 있을 때, 안이하게 업계 최대기업의 뒤를 따라 저가격 전략이라는 하향의 흐름을 타고 말았다. 얼떨결에 상대의 씨름판으로 끌려가고 만 셈이다.

이것은 고객은 싼 가격이 아닌 다른 가치를 추구하는데 단지 싼 가격으로만 승부하려다가 실패한 예이다. 원래 '미리 만들어 두지 않는다', '신선한 재료', '일본에서 태어난 햄버거'라는 고급 전략과 이미지가 판매 포인트였던 모스버거인 만큼, 저가격 이미지에서 탈피하기까지는 맥도날드 이상의 노력과 시간이 필요할 것이다.

자기 회사의 강점을 스스로 잘 인식하고 소비자가 자사 제품을 바라보는 이미지를 파악해야 한다. 경쟁사 동향이나 주가 혹은 눈앞의 이익에 눈이 먼다면, 무슨 대책을 세우든 모두 실패하고 만다. 모스버거의 사례는 이 점을 우리에게 경고하고 있다.

표 2-3 모스버거의 햄버거 가격과 매출의 관계

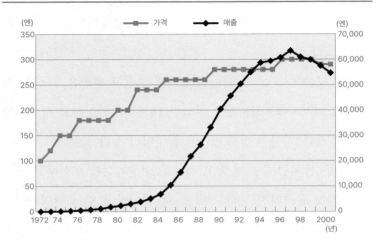

표 2-4 모스버거의 햄버거 가격과 경상이익의 관계

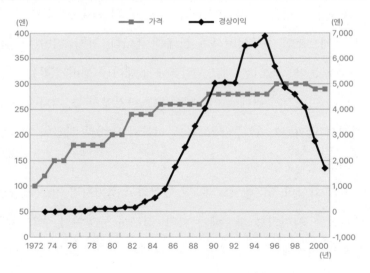

출처: 주식회사 모스푸드 서비스 홍보부 제공 자료

고객이 원하는 것을 짚어내어 성공한
프레시니스버거

꼭 전국시대를 연상케 하는 햄버거 업계의 틈바구니에서 멋지게 '새로운 성장의 파도타기'에 성공한 기업이 있다. 모스버거와는 대조적으로 보란 듯이 새 성장곡선을 그린 것이 프레시니스버거 Freshness Burger다.

프레시니스버거는 1992년에 창업한 후발 햄버거 체인점이다. 맛 중심 전략을 철저하게 고집하며 개성적인 메뉴와 역세권을 피한 입지 등, 이전의 모스버거와 비슷한 특징을 가지고 있다. 이른바 '붐 리바이벌' 전략으로 성공한 케이스다.

20대, 30대 여성 고객을 타깃으로 하여, 모스버거의 매장보다 실내를 한층 세련되게 꾸미고 독자적인 통일감을 갖춘 매장을 전개하고 있다. 표 2-5에 나와 있듯이, 모스버거의 실적이 하락함과 동시에 프레시니스버거가 그 점유율을 잠식해가는 형국이다.

실적은 모스버거에 반비례하고 있다. 5년 동안 매출은 5배, 점포 수는 100개를 넘어서고 있다. 그야말로 모스버거가 일궈놓았던 '갓 만든 햄버거', '수제 햄버거', '미리 만들어두지 않는다', '신선하다' 등의 붐을 교묘하게 리바이벌하여 성공한 사례다.

실적도 실적이지만 프레시니스버거의 또 다른 강점은 그 경영

철학에 있다고 할 수 있다. 그것은 '가맹점 수를 200개 이상 늘리지 않는다'는 전략이다. 그 이유를 쿠리하라 미키오 사장은 이렇게 말한다.

"가맹점과의 커뮤니케이션을 충족시키기 위해서는 200개가 한계다. 또 모든 사람에게 사랑받는 가게란 불가능하다. 햄버거 업계에서 맥도날드를 이긴다는 것은 너무나 어려운 일이다. 대신 그만큼 맥도날드가 보급될수록 맥도날드를 좋아하지 않는 사람도 상당수 생겨나게 마련이고, 그런 사람을 위한 가게라는 의미에서도 가맹점 수는 200개가 가장 타당하다."(《주간 다이아몬드》 1999년 2월 6일자)

당신의 회사는 어떤 고객층을 상대하는가? 그것을 명확하게 한 후 어떻게 하면 고객층이 추구하는 서비스와 상품을 제공할 수 있을까? 그에 적합한 가격대는 얼마인가? 프레시니스버거의 전략은 명쾌하다. 싼 햄버거를 추구하는 고객은 상대하지 않겠다는 것이다.

가격이 저렴한 상품이 늘어나는 것은 업계가 성숙기에 들어섰다는 증거이기도 하다. 그때부터는 새로운 전략, 새로운 개성을 가진 회사가 새로운 성장곡선을 그리기 시작한다. 윈드서퍼가 능숙하게 파도를 타는 것처럼 프레시니스버거는 새로운 성장의 파도를 타는 데 성공했지만, 모스버거는 그 파도타기에 실패한 것

표 2-5 모스버거와 프레시니스버거의 매출 비교

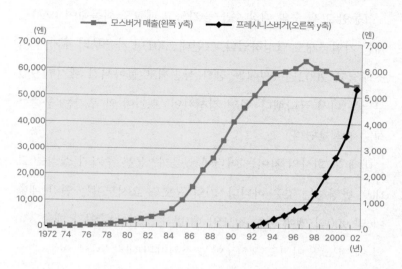

출처: 모스푸드 서비스 홍보부, 프레시니스버거 홍보부

이다.

가격 전략의 차이가 성패를 가른다

가격 인하 경쟁으로 업계 전체가 혼란에 빠진 사례는 소고기덮밥 업계에서도 찾아볼 수 있다. 소고기덮밥 업계의 최대 기업인 '요시노야'는 1980년 확대 전략에 실패하여 도산했다가, 1983년에는 세존SAISON그룹의 지원으로 회사 정리를 시작했다. 1987년에

는 예정보다 빨리 회생 절차의 채무를 완전히 정리했다.

그동안 고객 수와 매장 수도 증가하고 매출도 회복하여 1990년에는 기업공개도 달성하였다. 그런데 2001년 가을부터 주가가 저조해졌고, 2002년 4월에는 잠깐 상승세로 돌아서긴 했지만 9월부터는 다시 급락했다. 한편 경쟁사인 '스키야'의 주가는 꾸준한 상승세를 보였다.

대체 두 회사의 차이는 어디에 있을까? 물론 주가가 실적을 그대로 반영하는 것은 아니다. 기업 규모도 요시노야는 연간 매출이 약 900억 엔에 이를 정도인 데 반해 스키야는 연간 매출 330억 엔 정도다. 이익도 요시노야는 스키야의 대략 6배에 이른다.

그러나 이 주가의 동향에는 어떤 원인이 있는 것이 분명하다. 가격 전략이란 관점에서 두 회사를 비교해보면, 거기에서 뚜렷한 전략의 차이를 엿볼 수 있다(표 2-6과 표 2-7 참조).

소고기덮밥의 가격은 요시노야도, 스키야도 모두 280엔이다. 그러나 메뉴를 비교하면 양측의 차이는 한눈에 드러난다. 요시노야는 소고기덮밥의 단품 승부로 세트 메뉴가 많지 않다.

그에 비해 스키야는 소고기덮밥 외에도 김치소고기덮밥, 장어구이덮밥, 산채버섯덮밥 등 메인인 덮밥만 해도 선택사항이 많은데다, 샐러드나 된장국과의 세트 메뉴도 여러 가지가 준비되어 있다. 카레 세트나 햄버거 정식, 어린이 세트 등 패밀리 레스토랑

표 2-6 요시노야와 스키야의 소고기덮밥 가격과 매출의 추이

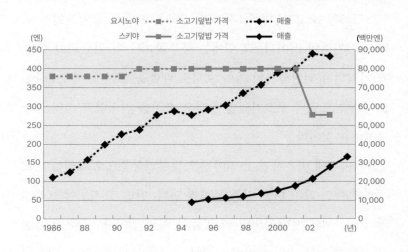

표 2-7 요시노야와 스키야의 소고기덮밥 가격과 경상이익의 추이

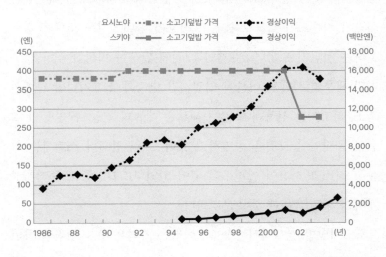

출처: 요시노야 D&C, 젠쇼

급의 풍부한 메뉴를 갖추고 있다.

스키야의 소고기덮밥의 저가격 전략은 고객을 끌어들이기 위한 유인가격인 셈이다. 그 뒤에는 풍부한 메뉴가 마련되어 있어, 싼 가격의 유인상품과의 복합 효과로 매출을 올린다. 복수상품으로 승부함으로써 소고기덮밥의 낮은 수익을 커버하고 이익을 증가시키는 것이다.

슈퍼마켓에 비유하면, 스키야는 특별할인상품으로 불러들인 고객에게 여러 가지 다른 상품도 함께 판다. 반면, 요시노야는 특별할인상품 외에는 달리 팔만한 상품이 없는 셈이다. 이와 같은 상품 구성과 상품 수의 차이가 '장래성 유무'라는 구실로 주가에 영향을 미치고 있는지 모른다. 또한 광우병의 영향으로 주식시장은 쇠고기 의존도가 극도로 높은 요시노야의 비즈니스 모델을 경원시하는 것인지 모른다. 2003년 12월에 발생한 미국산 식용 쇠고기의 광우병 사태와 더불어 영업시간 단축과 소고기덮밥 판매의 축소, 쇠고기를 사용하지 않는 새로운 메뉴의 긴급 투입 등의 일련의 움직임이 그것을 증명하고 있다. 그런 점에서 스키야는 확실히 리스크 분산이 이전부터 되어 있었다. 그것이 또 주식시장에서 호재로 작용한 것이 분명하다.

소고기덮밥 전쟁에서는 280엔이라는 가격은 주요 쟁점이 아니란 것이 핵심이다. 두 회사 모두 상대방의 동향을 다소 주시하기는 하겠지만, 기본적으로는 자사의 이념과 철학을 충실히 이행하고 소비자가 요구하는 것을 정확히 이해하여 그것에 부응하는 경영을 하고 있다. 상대방을 너무 의식한 나머지 가격 인하의 연쇄를 거듭하는 어리석은 경영은 하고 있지 않다는 말이다. 이 점이 다른 외식산업과의 가장 큰 차이다. 사실 이 두 회사에 이어, 안이하게 가격 인하만을 따라했던 경쟁사는 현재 고전을 면치 못하고 있다.

스키야의 강점은 쇠고기 의존도를 낮춘 리스크 분산과 상품 수의 다양성으로 대응할 수 있는 유연한 운영에 의한 장래성이다. 그것이 주가에 호재로 작용했다. 다만, 요시노야에는 스키야가 결코 흉내 낼 수 없는 강점이 있다. 그것은 '열광적인 팬'의 존재와 먼저 진입한 업체의 특권인 '입지의 우위성'이다.

요시노야에 열광적인 팬이 있다는 것은 잘 알려진 사실이다. 1982년에 창업한 스키야에 비해 요시노야는 1899년 창업 이래 100년이 넘는 역사를 가지고 있기 때문이다. 오랜 역사 덕분에 열렬한 팬을 꾸준히 확보했고, 또 옛날부터 장사를 해왔기 때문에 유리한 장소에 먼저 매장을 낼 수 있었다는 장점도 있다.

물론 상품 수를 줄임으로써 고객이 요구하는 '맛있고 싸고 빠른 서비스'에 부응하는 효율 경영을 실천하고 있다는 점도 간과할 수 없다. 이익을 목적으로 하지 않고, 고객의 재방문을 중요시하는 '고객 수 증가주의'의 경영이념. 이들의 결과는 스키야의 배에 가까운 높은 이익률로 나타나고 있다.

'싼 가격'에 집착하지 않으면 성공의 기회는 있다

마지막으로, 이들 소고기덮밥 전쟁에서 멋지게 발을 뺀 전략기업이 있다. 바로 '마츠야'다.

마츠야는 1966년에 창업하여 1990년에는 주식을 공개했고, 지금은 도쿄증권거래소의 제1부에 상장되어 있다. 마츠야의 가격 전략은 '훌륭하다'는 말 외에 다른 말이 필요 없을 정도다. 먼저 소고기덮밥의 가격 전쟁에 불을 지펴놓고, 경쟁사인 요시노야와 스키야가 덩달아 그것을 웃도는 가격 인하를 시행하자 최종적으로는 그들보다 높은 가격으로 승부하고 있다는 점이다.

마츠야는 연속적인 가격 인하 경쟁에 휘말리지 않았다. 최대의 경쟁사인 요시노야와 스키야보다 조금 높은 가격에서 가격 인하를 멈추었다. 구체적으로 설명하면, 마츠야는 소고기덮밥의 가격을 400엔에서 290엔으로 타사보다 먼저 가격을 내렸다. 그 후에 요시노야와 스키야가 280엔으로 가격을 내렸지만 마츠야는 가격을 더 내리지 않았다. 그렇게 해서 마츠야의 소고기덮밥은 요시노야와 스키야의 그것보다 딱 10엔 비싸다. 그리고 처음부터 된장국을 소고기덮밥과 함께 세트로 내놓음으로써 고객이 '이득 봤다!'라고 느끼도록 연출하여, 가격이 아닌 품질로 가치를 어필하고 있다. 단순히 경쟁사를 의식하거나 자존심만 전면에 내세우는 경영이었다면, 같은 가격으로 하든지 더 낮은 가격으로 했을 것이다. 마츠야가 그렇게 하지 않은 것은 '가격만으로 전쟁을 해서는 안 된다'라는 생각에서였을 것이다. 가격 전쟁이라는 것이 결국 승자 없는 진흙탕 싸움이 될 것을 훤히 꿰뚫고 있었던 것은 아닐까? 그래서 소고기덮밥과 된장국을 세트로 만들어 고작 10엔 더 비싼 290엔에서 가격 인하에 브레이크를 건 것이 아닐까?

소고기덮밥에만 그치지 않고 카레와 토마토 햄버거, 돼지고기 생강구이 등 폭넓은 상품 구색을 갖추어, 소비자의 요구에 부응하면서 리스크도 분산시키고 있다. 이 훌륭한 전략이 성공을 거둬서인지, 경쟁이 치열한 외식산업계에서 4년 연속 수익 증가를 달성하고 있다.

소고기덮밥 업계는 단순한 가격 경쟁으로는 결국 파탄을 맞게 되리라는 것을 각 회사들이 잘 알고 있는 것 같다. 가격 인하를 하는 것처럼 연출함으로써 싸다거나 이득을 보았다는 느낌을 소비자가 갖도록 하면서, 실제로는 자사 독자적인 기업 이념을 추구하고 각각의 개성 있는 가게 만들기에 주력하고 있다. 이것은 서로의 발목을 잡아채는 일 없이 각자의 성장을 꾀하고, 눈앞의 가격 전쟁에 휘말리지 않는 이상적인 상태라고 할 수 있지 않을까?

햄버거 업계와 소고기덮밥 업계 모두 '저가격만으로는 살아남을 수 없다'라는 것을 알았을 것이다. 대기업조차도 그러한데, 중소기업은 더 말해 무엇 할까? 당신이 사업에 성공하길 원한다면 앞으로는 이런 자각이 필요하다는 것을 알아두어야 한다.

세 가지 가격대에서 배우는 가격 전략

가격 인하 경쟁은 외식산업에서 가장 치열하다. 가격 인상도 지옥이요 가격 인하도 지옥이라, 회사 경영에 고심하고 있는 경영자가 많을 것이다. 나도 경험한 적이 있기 때문에 그 고충을 누구보다 잘 안다.

가격 경쟁에 휘말리지 않고 거듭 성공을 거두고 있는 지방의 벤처기업을 소개한다. 가격 경쟁이 가장 치열하다고 하는 외식산업의 성공 사례인데, 이 기업의 가격 결정에 대한 사고방식은 어느 업계에서든 통용되는 것이다. 당신의 회사에도 즉시 응용할 수 있을 것이다.

이 이야기는 '늘봄'이라는 고급 불고기집을 체인으로 운영하고 있는, 주식회사 아미야의 하기하라 마사아미 사장에게서 들었다. 아미야는 그룹 연간 매출이 30억 엔에 달하는 벤처기업으로, 대기업 식품 제조사의 경영진도 시찰할 정도로 주목받는 회사다. 하기하라 사장은 아미야의 성공을 통해 외식산업의 거물로 떠올랐다. 그가 가격 전략을 생각할 때 항상 염두에 두고 있다는 세 가지 가격대을 구체적으로 살펴보자.

외식산업에서 모든 음식의 가격은 크게 세 가지 종류로 나눌 수 있다.

첫째는 오로지 끼니를 챙겨 먹듯이 가격에 신경 쓰지 않고 가벼운 마음으로 소비할 수 있는 '밥의 가격'이다.

둘째는 반찬처럼 일상적이고 당연한 것이 되어 소비자가 특별하다고 느낄 수 없는 '반찬의 가격'이다.

셋째는 매일 먹을 수는 없지만 조금 무리해서라도 2~3개월에 한 번 정도는 먹고 싶은 '진수성찬의 가격'이다.

이 세 가지 가격대는 소비자도 분명 납득하고 있다. 어떤 것이 정답이라고 단정할 수는 없다. 다만 여기서 중요한 것은, 당신이 어느 가격대에서 비즈니스를 전개하고 싶은가 하는 것이다. 그것을 이 세 가지 가격대에 비유하여 생각해볼 필요가 있다.

먼저, '밥의 가격'이란 한 끼 식사에 500엔짜리 동전 하나를 내고도 잔돈을 돌려받을 수 있는 가격대다.

저가격 전략을 추진하는 가게가 이 부류에 속한다. 이 컨셉은 '언제라도 돈 걱정 없이 먹을 수 있다'다. 가격이 싸기 때문에 고객도 많이 찾는다. 방문 빈도도 높다. 하지만 그만큼 단기간에 싫증을 느낄 위험이 있다. 싸다는 것만이 유일한 장점이라면 오래갈 수 없다.

따라서 항상 새로운 고객을 찾든지 항상 새롭게 놀라운 가격을 제공하지 않으면 안 된다. 그것만이 이 가격대로 살아남을 수 있는 비결이다. 이 가격대로 살아남기란 참으로 힘든 일이다. 아무 때나 먹을 수 있지만 맛이 없다는 이미지를 심어줄 위험성이 있기 때문에 고객이 쉽게 싫증을 느끼고 마는 것이다.

싼 음식을 파는 식당에 가는 것은 특별한 경험이 아니다. 싸니까 가는 것뿐이다. 그러므로 항상 새로운 놀라움을 저가격으로 연출해낼 필요가 있다. 그런 노력을 아무리 해도 이 가격대로는 좀처럼 브랜드력을 가질 수는 없다.

다음은 '반찬의 가격'이다.

이것은 보통의 패밀리 레스토랑이나 식당을 말한다. 비싸지도 않지만 싸지도 않은 중간층의 가격대다. 실은 지금 대부분의 외식산업이 '반찬의 가격대'로 분류된다. 경쟁이 너무 치열하기 때문에 딜레마에 빠져 있는 상태다.

예를 들면 얼마 전, 업무상 미팅이 있어서 손님을 모시고 대형 패밀리 레스토랑인 로얄호스트[Royalhost]에 갔다가 깜짝 놀랐다. 비용을 삭감하기 위해 가능한 한 저가격으로 하려는 노력은 이해할 수 있다. 하지만 커피와 음료는 물론이고 냅킨이나 물까지 모두 셀프서비스인 데에는 놀라지 않을 수 없었다. 무엇보다 이 레스토랑은 후쿠오카에 본사가 있는 지방기업이다.

이래서야 창피해서 업무상 접대에 어찌 이용할 수 있을까. 그렇다고 500엔짜리 동전으로 점심을 먹을 수 있는 것도 아니고, 특별히 고급스럽지도 않다. 밥도 진수성찬도 아닌 중간층이다. 그러면서도 고급의 느낌을 연출하려고 했지만 그것이 또 어중간한 상태로 끝나고 만다. 이 중간 가격대가 '반찬의 가격'이다. 소비자의 입장에서 보면 그 가게에 갈 이유가 없는 가격대가 될 가능성이 높다.

그런 점에서 같은 패밀리 레스토랑이지만 어중간한 이미지를 없앤 곳이 '조이풀[Joyfull]'이다. 조이풀에서는 점심 메뉴가 399엔, 셀프 서비스 음료는 50엔이다. 저가격 패밀리 레스토랑을 대표하는 거스토보다 더 낮은 가격이다. 가격만 보면 최저 수준이지만, 음식 맛이나 매장 인테리어와 서비스는 보통의 패밀리 레스토랑 수준에 뒤지지 않기 때문에 소비자의 만족도는 높다. 가격은 밥의 가격 수준이면서 맛과 서비스와 인테리어는 한 단계 위의 것을 제공하고 있기 때문이다.

전혀 어중간하지 않다. 가격은 싸지만 서비스는 패밀리 레스토랑급으로 제공한다는 운영 자체가 놀라움을 연출하고 있다. 이것이 바로 조이풀이 성장하고 있는 비결일 것이다. 오이타현의 지방기업이면서 5년 연속 매출 증가로 이미 연간 매출 500억 엔을 넘었고, 전국에 600개 이상의 점포를 소유한 상장기업이다.

마지막으로 '진수성찬의 가격'이다.

이것은 앞서 소개한 고급 불고기집 늘봄이 채용하고 있는 전략이다. 조금 무리를 해서라도 먹고 싶은 가격대다. 한 달이나 두 달에 한 번이라도 좋으니 '제대로 차려진 음식을 먹으러 가고 싶다'고 생각하게 만드는 연출과 비일상성, 그리고 고급감이다.

중소기업이 노려야 할 것은 이 가격대다. 개성을 어필하기 쉽기 때문에 타사와의 차별화가 쉽다. 또 이 가격대는 고객층이 좋다. 좋은 고객층은 돈도 충분히 있고 지불도 잘 해준다. 매너를 아는 고객이다. 패밀리 레스토랑처럼 젊은이들이 떼 지어 시끄럽게 하는 일도 없고, 가게 인테리어도 고급스럽고 깔끔하다.

당연히 그에 걸맞은 서비스와 상품을 제공해야 하지만, 고가격 전략을 실천할 수 있는 가격대이기 때문에 이익이 높다. 그렇기 때문에 맛은 물론이고 재료 선택이나 인테리어, 직원 교육에까지 철저하게 투자할 수 있다. 이런 이유들로 고객은 두 번, 세 번 재방문을 하고, 그러다가 단골이 되는 선순환의 사이클을 창출한다.

이 가격대의 특징은, 상장할 만큼 대규모로 운영되는 곳은 드물지만 지역밀착형으로 충분히 돈을 버는 곳이 많다는 것이다. 그야말로 우리 중소기업이 지향할 가격대다.

지금까지 외식산업에서 찾을 수 있는 세 가지 가격대를 살펴보았다. 가격 전략에서 성공하기 위해서는, 당신 자신이 이 세 가지 가격대 중 어느 것을 선택할 것인가를 먼저 결정하지 않으면 안 된다. 하지만 대부분의 경영자는 막연하게 가격을 정하고, 이른바 '반찬의 가격대' 안에서 우왕좌왕하고 있는 실정이다.

가격에는
품질 표시 기능이 있다

너무 싸면 안 팔린다

가격에 대해 알아야 할 중요한 점이 하나 있다. 가격에는 '품질 표시 기능'이 있다는 사실이다.

가격에는 '너무 싸서 신뢰할 수 없는' 가격대와 '너무 비싸서 싫은' 가격대가 있다. 그러나 가격 전쟁에 휘말린 경영자의 대부분은, 가격을 너무 내리면 소비자가 '너무 싸니까 수상한데'라거나 '품질이 미심쩍은데'라고 느낀다는 사실을 인식하지 못한다.

예를 들면 "정가 15만 엔의 정수기를 특별 할인가 3만 엔에!"이라거나 "과외 강사가 월 6,800엔', "사륜구동의 신차가 30만 엔', "5,000엔에 영구탈모 평생보증'이라고 한들, 고객이 싸다는 이유만으로 덥석 달려들까? 대답은 물으나 마나 '아니오'다. 소비자는 너무 싸니까 품질을 믿을 수 없다고 생각한다.

'가격을 내리면 팔린다'라는 것은 고객의 감정을 무시한 판매자의 착각에 불과하다. 가격이 가진 품질 표시 기능을 이해하고, 고객의 감정에 맞는 가격을 설정하는 것이 중요하다. 이해하기 쉬운 예를 들어보자.

사실 나는 중학교 때부터 시력이 나빴다. 근시가 심해서 중학생 때는 안경을 썼고 고등학생 때부터는 콘텍트렌즈를 사용했다. 맨 눈 시력은 0.03과 0.01. 시력검사에서는 항상 선 앞으로 세 발짝 정도 걸어 나와야 겨우 가장 위의 C자가 보였을 정도다.

콘텍트렌즈는 15년 정도 사용해왔는데 여간 귀찮은 것이 아니다. 먼지라도 들어가면 눈이 가렵고 아프다. 거기다 최근에는 컴퓨터로 일하는 시간이 많아져서, 눈은 더 건조해져서 안구건조증 증상까지 나타났다. 그래서 얼마 전 근시 교정 수술을 받기로 결심했다.

광고에서 많이 보이는 라식 수술이 그것이다. 레이저 광선으로 각막을 깎아내어 굴절률을 교정함으로써 시력을 좋아지게 하는 방법인데, 어쨌든 각막에 상처를 내는 것이라서 두렵기는 하다.

전부터 관심은 있었지만 아무래도 병원을 찾기가 두려워서 그만두고 말았었다.

이런 라식 수술이 '정상가 50만 엔이지만 특별 할인 기간 동안에만 반값 25만 엔!'이라고 한다면 당신은 어떻게 생각할까? '옳거니! 싸니까 이번 기회에 수술을 받아보자'라고 생각할 사람은 드물 것이다. 대부분은 '너무 싼 게 좀 미심쩍어. 그만두자!'라고 생각할 것이 분명하다. '싼 것은 좋지만 자칫 잘못했다가 실명이라도 된다면 큰일'이라는 생각이 작용하기 때문이다. 상품의 품질을 보증해주는 가격이 소비자의 감정을 조종하는 것이다.

결국 나는 '라식 수술을 했더니 살 맛 난다'는 한 친구의 이야기를 듣고 수술을 받았다. 정가대로 50만 엔 하는 안과에서 수술을 받았다. 실제 수술은 두 눈에 10분 정도면 끝나므로, 그야말로 50만 엔이라는 가격은 마음 편하자고 내는 안심 비용인 셈이다.

만일 반값 할인하는 곳에서 수술을 받았다면, 수술과는 전혀 상관없는 문제가 눈에 발생한 경우에도 '역시 싼 데서 해서 이렇게 된 거야!'라며 평생 불안에 떨게 될 것이다. 그 불안 때문에 아무 상관도 없는 일까지 수술이 원인인 것처럼 착각해서 병원에 배상 청구를 하게 될지도 모른다.

이처럼 가격이란 것은 구입 후의 안심감까지 주는 기능을 가지고 있다.

지방에서 성공한 비즈니스 모델은 전국으로 확대하기 쉽다

라식 수술은 라이프사이클로 말하면 이제 겨우 성장기에 들어선 단계라 할 수 있다.

내가 이렇게 판단하는 것은 후쿠오카에 라식 수술을 실시하는 안과가 생겨나기 시작했기 때문이다. 왜 후쿠오카에 진출하기 시작한 것이 성장기에 들어섰다는 신호가 되는가?

새 비즈니스를 시작할 때 먼저 대도시에서부터 전개되는 경우가 대부분이다. 하지만 사실은 성공할 확률이 의외로 높은 것은 지방에서 출발한 비즈니스 모델이다.

예를 들면, 후쿠오카에는 베스트 전기, 로얄호스트, 브리지스톤Bridgestone(타이어 제조), 젠린Zenrin(각종 지도기획·제작), 피에트로Pietro(식품제조·판매, 레스토랑 운영) 등 지방에서 성공한 비즈니스 모델을 전국으로 확장시켜 성공한 기업이 많다. 다른 지방도시에서도 이런 기업은 흔히 찾아볼 수 있다.

반대로 도쿄에서 잘된 회사는 다음 지점을 어디에 낼까? 현명한 경영자는 후쿠오카나 삿포로로 날아간다. 오사카나 나고야가 아니다. 왜 그럴까?

후쿠오카나 삿포로는 전형적인 지역경제 위주의 도시다. 인구도 기껏해야 100만 명 정도로 도쿄·나고야·오사카 지역에 비하면 작은 규모지만, 장사를 하기에는 충분한 크기다. 즉, 그런 시장에서 잘 나가는 비즈니스라면 다른 대도시권에서도 충분히 성공할 수 있다는 예측이 서는 것이다. 또 도쿄↔삿포로, 도쿄↔후쿠오카의 비행기 편수도 많아 왕복도 비교적 편리하다. 연간 항공기 여객 수 세계 1위와 2위가 도쿄↔삿포로, 도쿄↔후쿠오카 노선이다.

최근에는 빅카메라나 요도바시카메라 등 대형 가전판매점과 외식산업 등이, 먼저 후쿠오카나 삿포로에 점포를 낸 다음 오사카나 나고야로 진출하고 있다. 갑자기 오사카나 나고야 같은 대도시에 진출하는 것보다 지대나 인건비가 싸기 때문에, 지점 운영의 개선이나 인재 교육의 노하우를 만들기에도 적합하다고 생각하기 때문이 아닐까?

그 노하우를 지방에서 만들어 전국으로 확장하는 것이다. 물론 작은 시장에서 성공하면, 그것은 전국 어디에 진출해도 성공할 비즈니스 모델이 될 수 있다는 계산도 있다.

라식 수술을 시술하는 안과가 후쿠오카에 진출하기 시작했다는 것은, 이 상품이 앞으로 전국으로 확산될 징조라고 할 수 있다. 즉, 성장기에 들어섰다는 신호이다. 또 앞으로 라식 수술이 본격적인 가격 경쟁에 들어설 가능성이 높다는 것을 의

미한다. 지금은 아직 보험이 적용되지 않지만, 차후 보험 대상이 될 가능성도 예상된다. 그렇게 되면 순식간에 가격 경쟁이 벌어질 것은 안 봐도 뻔한 일이다.

현명한 안과의원 중에는 이미 그것을 내다보고 전략을 세우고 있는 곳도 있다. 예를 들면 도쿄 스미다구에 있는 킨시안과는 독자적인 연구를 더해 '라식을 초월한 라섹'이라는 기술을 내걸고, 새로운 무대를 만들어내고 있다. 그렇게 하면 라식 수술이 가격 경쟁에 휘말리게 되어도, '우리는 다르다. 그래서 이 가격이다!'라고 말할 수 있게 된다. 우리도 배워야 할 아주 훌륭한 전략이다.

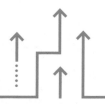

가격 전략의
세 가지 핵심

가격 전략 1: 상품의 라이프사이클을 파악한다

지금까지 실패와 성공의 사례를 보면서, 민감한 사람은 가격을
바꾸는 타이밍의 중요성에 대해 눈치챘을 것이다.

　그렇다. 적정한 가격은 그 상품이 라이프사이클의 어느 시기에
속해 있는가에 따라 크게 달라진다. 일반적으로 상품은 도입기-
성장기-성숙기를 거치고, 그런 다음 새로운 성장기 아니면 쇠퇴
기로 접어들게 된다. 성장기에는 전체의 가격이 떨어지는데, 이
시기에는 판매 수를 확대시켜 매출과 이익을 최대화할 수 있다.

하지만 성숙기에는 한정된 시장이라는 작은 파이를 다수의 업자가 서로 차지하려고 세력 다툼을 하게 되고, 가격 경쟁에 박차가 가해진다. 이때 한층 더 가격 인하를 추진하여 악순환에 빠지느냐, 부가가치를 창출한 상품이나 서비스로 새로운 성장기를 맞이하느냐에 따라 운명은 크게 달라진다.

오늘날의 경제에서는 거의 대부분의 상품이 성숙기에든 상품이므로, 이때 쉽게 가격을 내리면 가격 인하의 악순환에 휘말리고 만다는 것이다. 그때 당신이 취해야 할 행동은 바로 가격 인상이다. 시장이 한껏 성숙되어 있기 때문이다.

성숙기에 접어들지 않은 상품은 라이프사이클에 맞게 가격 인하 전략이 필요하겠지만, 그런 상품은 드물다. 있다고 해도 비즈니스 스피드가 이상적으로 빨라진 오늘날에는 하루아침에 성숙기의 상품이 돼버리기 때문에, 부가가치를 창출해서 가격 인상 전략을 꾀할 필요가 생겼다.

주의해야 할 것은, 현재는 상품의 라이프사이클이 점점 짧아지고 있다는 사실이다. 옛날에는 5년, 10년 가격을 바꾸지 않아도 괜찮았을지 모른다. 하지만 지금은 3년 가던 상품이 반 년도 못가는 경우도 있다.

그 짧은 라이프사이클의 변화에 대응하여, 자기가 파는 상품이 지금 라이프사이클의 어느 시기에 있는가를 직관적으로 파악하고 가격을 바꾸지 않으면 고객을 놓치고 만다. 오래도록 가격 변경을 하지 않은 채 장사를 계속하고 있다면, 고객을 경쟁사에 뺏겨도 어쩔 수 없는 일이다.

그런 현상이 현저하게 나타나고 있는 분야가 인터넷 세계다. 인터넷의 특징은 고객이 거의 힘들이지 않고 가격의 비교 검토가 가능하다는 것이다. 프라이스닷컴(price.com) 등 각종 상품의 가격비교를 전문으로 하는 사이트도 있어, 클릭만 하면 가장 싼 가게를 찾을 수 있다. 전기제품이나 일용품이라면 어디서 사든 품질에는 크게 차이가 없기 때문에, 소비자가 '인터넷에서 가격을 조사하여 가장 싼 곳으로 사러 가면 된다'라고 생각하는 것은 당연한 일이다.

그런 만큼 인터넷을 통해 판매하는 회사는 가격 변경이 상당히 빠르다. 3개월에 두세 번 가격을 바꾸기도 한다. 그 속도를 따라가지 못하면 고객을 금방 경쟁사에게 빼앗기고 만다.

가격 전략 2: 상품의 가격을 유연하게 검토한다

대부분의 경영자는 한번 결정한 가격은 좀처럼 바꾸려 하질 않는다. '이 정도로 값을 매기면 적당하겠지?' 하는 가벼운 마음으로 결정한 것인데도 일단 가격이 정해지고 나면 바꾸지 않고 그 가격을 유지하는 경향이 강하다. 생각해보면 참 신기한 이야기다. 어떤 업체는 수십 년 전 창업 당시부터 같은 가격을 유지하는 경우도 있다.

당신이 계속 같은 가격으로 판매하는 이유는 간단하다. 그것은 '가격을 인상하면 안 팔릴지 모른다'는 불안감 때문이다. 한번 정한 가격을 올릴 결단을 내리지 못할 뿐이다. 달리 이론적으로 뒷받침될 이유가 있을 리 없다. 대부분의 경우는 무서워서 가격 인상을 하지 못할 뿐, 고객이 용납할 수 있는 가격대보다 싼 가격에 팔고 있는 경우가 적지 않다. 정말 지금 가격으로 좋을까? '이 정도면 적당하겠지?' 하는 생각으로 정했던 가격을 먼저 의심해볼 필요가 있다.

통상 경영자가 상품의 가격을 결정하는 데는, 보이지 않는 요소가 숨겨져 있다. 경영자가 상품의 가격을 결정할 경우, 자신이 과거에 판매했거나 근무했던 회사의 상품가격에 가깝다.

지금까지 판매했던 각각의 상품 가격을 생각해보라. 사업을 하면서 처음으로 팔았던 상품은 무엇이었는가? 그다음으로 팔았던 것은? 가격은 얼마였는가?

대부분의 사람은 처음 정한 가격으로 계속 판매를 지속하는 경우가 의외로 많다. 예컨대 보석, 자동차, 주택 같은 고가 상품을 팔고 있는 사람은 싼 것을 팔지 못한다. 반대로 건어물을 파는 사람은 영원히 건어물 가격대인 1,000엔 전후 가격의 상품을 파는 경향이 있다.

당신도 짚이는 바가 있을 것이다. 사람에게는, 한번 그 가격대에 익숙해지면 완전히 다른 상품이라도 같은 가격대로 판매하고 마는 습성이 있는 것 같다. 어쩌면 지금 당신이 팔고 있는 상품의 가격은 기능과 특성, 회사의 브랜드, 부가가치 등에 비해 너무 쌀지도 모른다.

사업으로 얻는 순이익을 생각할 때, 역시 가격이 낮고 이익이 적은 상품을 팔면 경영은 힘들어진다. 비슷한 연령과 교육 수준에 똑같이 열심히 일한다고 했을 때, 저가격대로 이익이 20~30%인 상품을 팔기보다는 고가격대로 이익이 80%인 상품을 파는 사업이 압도적으로 돈벌이는 크다. 너무너무 당연한 이야기다. 잠깐 당신 자신의 가격 결정 프로세스를 되돌아보는 것이 좋을 것이다.

가격 전략 3:
고가격 고품질을 원하는 고객을 타깃으로 삼는다

지금까지 보아온 것처럼 세상의 모든 가격은 양극화되고 있다. 하나는 가격 인하에 따른 저가격의 추구, 또 하나는 가격 인상에 따른 브랜드화다. 각각의 타깃이 되는 것은 '일단 싼 물건을 사겠다'는 고객과 '비싸더라도 품질이 좋은 물건을 사겠다'는 고객이다. 저가격 경쟁이 이익의 악화를 초래하고 경영난에 허덕이게 한다는 것은 앞에서 보았듯이 명백하다. 따라서 '비싸더라도 품질이 좋은 것을 사겠다'는 고객을 타깃으로 하여 경영을 해야 한다.

하지만 단순히 가격만 높인다면 고객이 등을 돌리는 것은 시간 문제다. 중요한 것은 잘 팔리는 가격을 아는 것이다. 가격 인상을 해도 고객이 납득할 수 있을 만큼 서비스 품질과 부가가치를 창출해내야만 비로소 이익을 최대화할 수 있는 가격 결정이 가능해진다.

적절한 가격 결정은 이익을 최대화하고 현금을 한순간에 증가시킨다. 그뿐만 아니라 그것은 당신의 결단 하나로 실현이 가능하므로 비용과 시간은 거의 들지 않는다. 그리고 당신이 어떻게 가격 결정을 했는가는 경쟁사에게 알려지는 일이 거의 없기 때문에 안정된 전략 모델을 그릴 수 있다는 장점도 있다.

흔히 대기업은 비용과 시간이 드는 대규모의 가격 조사를 실시하는데, 이 책에 소개하는 가격 결정법을 사용한다면 한층 정확도 높으면서 고객의 감정에 맞는 가격에 대한 감각을 키울 수 있다. 그뿐 아니라 고객을 놓치는 일 없이 확실한 가격 인상을 위해

밟아야 할 스텝을 알게 될 것이다.

그리고 이익을 최대화할 것인가, 고객 수를 최대화할 것인가의 전략 결정이 한순간에 이뤄지게 되고, 이익을 최대화하기 위해 판촉자료를 어떻게 변경하면 좋을까 하는 방향성도 알게 된다.

고객감정에 맞는 적정한 가격은 최대의 매출과 이익을 가져다준다. 당신은 '그렇게 간단할 리가 없다'고 생각할지도 모르지만, 실제로 해보면 성과는 정말 놀라울 정도다. 왜냐하면 대부분의 경영자에게는 가격 전략이 없기 때문이다. 타인이 하지 않는 것을 하는 것이니만큼 두드러지게 잘될 것이다.

대부분의 기업이 가격 결정을 잘못 하고 있다

현재 99.9%의 회사는 가격의 결정 방법을 모른다. 대학에서 경영학을 전공한 경영자도 가격 결정의 이론은 배웠을지라도 구체적인 방법을 배우지는 못했을 것이다. 그러므로 가격의 설정방법을 알고 있는 회사는 거의 제로에 가깝다고 해도 과언은 아니다. 그렇다면 대부분의 회사는 어떻게 가격을 결정하고 있을까?

'경쟁사 제품은 얼마니까 우리는 그보다 좀 낮게 하자'거나 '평균가격이 얼마니까 그보다 조금 높게 하자' 같이, 경쟁사와 비교하여 가격을 결정하는 경우가 가장 많다. 이래서는 경영의 시점이 고객을 놓치기 일쑤다. 경쟁사에 대한 견제와 자존심 싸움이 우선시되기 때문이다.

또 하나의 결정 요인은 비용이다. '원가가 얼마이니 이익은 얼마여야 한다. 따라서 가격은 얼마가 좋다'라고 결정하는 것이다. 혹은 변동비에 일정한 이익률을 붙이는 방법으로 가격을 정하는 사람도 있다. 예로부터 널리 사용되고 있는 '원가 가산 가격 결정법'이다.

경제 전체가 성장하던 고도 경제 성장 시대에는 원가 가산 결정법만으로 충분했을지 모르지만, 가치관이 다양화되고 상품이 넘쳐나는 현대에는 이런 가격 결정법이 더 이상 통하지 않는다. 고도 경제 성장 시대와 달리 한 상품이 오랫동안 많이 팔리는 경우가 드물기 때문이다.

지금 시대의 특징은 '다품종 소량 판매'다. 이렇게 된 것은 소비자 가치관의 다양화와 생활양식의 개성화 때문이다. 그러므로 원가에 일정한 이익을 가산하는 일률적인 가격 결정으로는 고객감정에 맞는 가격을 결정할 수 없다.

이 중 어떤 방법도 분명하고 정확한 조사와 분석을 토대로 가격을 결정하는 것은 아니기 때문에, 고객감정에 맞는 적정한 가격과는 거리가 멀다.

고객감정에 맞는 가격 결정법을 알고, 나아가 그 가격 결정을 성공으로 이끌어갈 전략을 이해한다면, 당신은 주변의 경쟁사를 물리치고 시장의 승자로 우뚝 서게 될 것이다.

가격 결정을 마스터한다는 것은 당신의 회사가 단기간에 현금을 배로 증가시킬 수 있다는 말이기도 하다. 그 비결을 지금부터 살펴보자.

3장

최적의 가격을 정하는 법: 고객의 감정을 파악하라

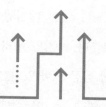

성공의 비밀을 깨닫다:
가정교사 파견 사업

1장에서는 NTT 대리점 사업을 비롯해 고가격대로 성공했던 예를, 2장에서는 가격 경쟁에 휘말린 예를 들어 가격 전략의 사고방식에 대해 설명했다. 당신도 지금쯤 '지금의 가격으로 정말 괜찮을까?'라고 고민하기 시작했을 것이다.

하지만 머리로는 알았다 하더라도 막상 실천하려고 하면 용기가 나지 않는다. 혹은 고가격에 맞는 서비스를 어떻게 만들어내야 좋을지, 구체적인 방법론은 훨씬 어려울 것이라고 미리 겁먹은 사람도 있을 것이다. 그래서 내가 지금까지 실천해왔던 가격 전략을 처음으로 밝히고자 한다.

여기에 소개하는 노하우는, 일부 대기업에서는 막대한 비용을 들여 실행하고 있을지 모른다. 하지만 우리 회사는 중소기업이지만 여러 번의 가격 결정에 성공한 바 있다.

1994년 사업을 시작한 이래 약 10년간에 걸쳐 사실상 채무 없이 회사를 운영하고 있고, 수익도 끊임없이 늘려왔다. 그동안 사업을 믿고 맡길 수 있는 유능한 간부들을 만나는 행운도 있었다. 덕분에 나는 서른한 살에 회장이 되면서 실무에서 절반은 은퇴할 수 있었다. 사실은 그 비결도 가격 인하를 하지 않은 적정한 가격 결정에 있다.

그 10년 동안은 항상 새로운 분야를 향한 도전의 연속이었다. 그렇다고 새로 참가하는 분야에 대해 자세한 지식을 가지고 있던 것도 아니었다. 그런데도 극적인 성과를 올릴 수 있었던 것은 비결은 무엇일까? 그것은 다름 아닌 성공적인 가격 결정과 끊임없는 가격 인상 덕분이다.

나의 경영자로서의 역사는 가격 인상의 역사라고 해도 과언은 아니다. 무엇보다 성숙한 상품이 있었기에 가격 인상 전략이 성공을 거둘 수 있었다.

가격을 올렸더니 사업에 성공했다

내가 처음으로 손을 댔던 것은 강사 파견 사업이었다. 소위 과외를 하려는 학생이 있는 가정에 가정교사를 소개하는 서비스였다. 이 사업에서 나는 두 번 가격을 변경했고 수익을 대폭적으로 늘리는 데 성공했다.

이 강사 파견 사업의 가격 전략은 좀 색다르다. 내가 실시했던 강사 파견 사업에서의 가격 설정은, 강사의 수업료를 1시간당 1,600엔으로 하고 한 번에 2시간의 수업을 일주일에 한 번씩 한 달에 4번, 즉 1,600엔×2시간×월 4회로, 총 12,800엔이었다.

하지만 이 수업료의 원가, 즉 강사에게 지불하는 시급이 1시간에 1,600엔이었기 때문에 이익은 0엔이었다. 수업료에서는 이익이 없었던 셈이다. 그렇다면 어디에서 이익을 보았는가? 그것은 함께 판매하던 교재의 판매이익이다.

고객 가정이 당시에 강사에게 지불해도 좋다고 생각하는 예산 범위는 월 3만 엔에서 많게는 4만 엔 정도였다. 여기에서 최저금액 3만 엔을 일반 가정이 강사에게 지불할 수 있는 한 달 예산이라고 가정하고, 강사의 실제 수업료로 12,800엔을, 나머지 17,200엔은 교재 구입의 예산 범위로 생각했다. 수업료는 가능한 한 가격을 낮게 잡고 교재 구입 부분에서 이익을 늘리자는 전략이었다. 그러는 편이 관리 비용이 적게 들고 이익이 컸기 때문이다.

참고로, 이 비즈니스 모델은 당시 업계에서 널리 실행되던 방법으로, 과거에 내가 아르바이트를 했던 회사의 사장에게 배웠다. 당시의 영업 형태를 좀더 자세히 말해보겠다.

먼저 강사를 필요로 하는 가정을 찾기 위해 많게는 100명 이상의 아르바이트를 고용해 전화 조사를 실시했다. 3시간 교대로 약 20명이 일제히 전화를 걸기 때문에, 하루에 거는 전화는 5,000건에서 6,000건이나 되었다. 많을 때는 하루에 1만 건 넘게 전화를 걸기도 했다.

하지만 그렇게 많은 전화를 해도 강사를 원한다는 가정은 쉬 찾을 수가 없었다. 그래서 전화를 거는 대상을 다시 찾을 필요가 있다고 생각했다. 그러기 위해 나는 자주 행정기관을 찾아가 주민대장을 열람하면서 중학생 정도의 자녀를 둔 가정의 주소를 하나하나 옮겨 적었다. 대단한 인내심을 요하는 작업이었다.

당시에는 어느 지역의 행정기관에서나 주민대장을 열람하고 메모할 수 있었다. 그렇게 엄선한 리스트를 가지고 전화를 걸었고, 그래도 턱없이 부족했기 때문에 전화부를 뒤져 전화를 거는 등 온갖 수단을 마다하지 않았다.

그렇게 해서 강사에 관심이 있는 가정을 물색해 영업 담당이 방문하고 1회의 무료 체험을 하게 한 다음, 마음에 들면 신청하도록 하는 영업 방법을 택했다. 이 방법은 딱히 특별한 것 없는 일반 영업회사의 영업 프로세스와 비슷해 보이지만, 사실은 거기에 비결이 있었다.

대학생을 영업사원으로 활용하다

내가 만들었던 조직에는 직원이 한 사람도 없었다. 그것이 비결이었다.

전화를 거는 텔레마케터도, 가정을 방문하여 무료 체험 레슨을 하는 사람도, 영업하여 신청을 받아오는 사람도 모두 현역 대학생이었다.

급여 체계도 일반회사와 달랐다. 영업직의 학생은 실적에 따라 100% 커미션을 지불하는 형태로 노동비용을 처리했다. 경영상 가장 골머리를 썩이게 되는 영업사원의 인건비를 따로 신경 쓰지 않아도 좋은 시스템으로 만들었던 것이다. 이것은 경영자 측에게는 아주 효율적인 시스템이다.

물론 이편이 잘 팔면 고액의 보수를 받을 수 있기 때문에, 실제로 일하는 학생들에게 충분한 동기부여가 되었던 것도 사실이다. 그리고 풀커미션의 학생 영업사원에게는 이익의 원천이 되는 교재를 더 많이 팔려고 하는 경향이 있었다. 바꿔 말하면, 지도 부분은 소홀히 해도 일단 이익의 원천인 교재의 판매에 집중했던 것이다.

교재가 잘 팔리는 것은 좋은 일이지만, 거기에는 한 가지 큰 문제가 있었다. 강사의 수업료에서 이익이 발생하지 않기 때문에, 강사의 지도가 시작된 후의 관리나 강사의 선발 방법 등이 아무래도 소홀해지고 만다. 교재를 파는 것에만 정신이 팔려 있었기 때문이다.

그 결과, 힘들게 판매한 교재를 파견된 강사가 사용하지 않고 지도하게 되자 학부모에게서 '교재는 쓰지도 않으니 환불해달라'는 요구가 들어오기도 하고, '교재를 사용하지도 못하는 강사라면, 처음부터 부탁하지도 않았다'라며 주문 자체를 취소하는 일도 종종 있었다.

이런 항의가 계속된다면, 아무리 주문 건수와 매출이 증가해도 사업의 존속은 어려운 일이다. 그래서 나는 수익 원천을 바꾸기로 했다. 지금까지는 입회비와 교재 판매에 의한 매출이 수익의 원천이었는데, 거기에 한 가지 더 추가했다. 지금까지는 이익금을 받지 않았던 수업료에도 이익을 계상하기로 한 것이다.

그래서 1시간당 1,600엔 하던 수업료를 2,000엔으로 가격을 올렸고, 결과적으로 12,800엔 하던 수업료는 18,000엔으로 올랐다. 강사에 대한 급여(일반 사업에서는 매입원가)는 처음 그대로다. 그 결과 매월 수업료에서 얻는 이익은 0엔에서 순식간에 3,200엔으로 늘어났다. 매월 30명의 신규 가입자가 있다고 할 때, 그 가격 인상으로 인해 매월 96,000엔의 이익이 발생하게 되는 것이다.

한순간의 판단과 실행력으로 얻어진 결과다. 수업료 인상으로 인해 매월 교재비 부분의 예산 범위가 14,000엔으로 줄었지만, 대신 '여름 수업료'와 '겨울 수업료'라는 명목으로 특별 커리큘럼을 새롭게 마련했다. 8월과 12월에 이상의 수업료와는 별도의 비용을 받도록 했기 때문에, 연간 수익은 결과적으로 대폭 상승했다. 법인과 달리 일반 가정에는 여름과 겨울에 보너스라는 특별 수입이 존재하기 때문에 그 전략도 멋지게 적중했다.

매출을 줄이고 이익을 높인다

약 반년 후, 나는 두 번째 가격 변경을 단행했다. 그 가격 변경의 계기도 우연의 산물이었다.

매미가 극성스럽게 울어대던 어느 무더운 여름날이었다. 한 영업사원이 1회 2시간으로 정해두었던 기본 강의 시간을, 자기 멋대로 1회 90분으로 바꾸어서 신청을 받아온 것이다.

'왜 수업을 1회 90분으로 해서 신청을 받아왔느냐, 90분이면 너무 짧지 않으냐, 그 시간으로는 더욱 교재를 사용할 수 없게 되는 것 아니냐'고 그에게 물었다.

그런데 그의 대답은 의외였다. "사실은 우리 아이가 집중력이 없다. 그래서 수업을 2시간씩 하는 것은 아무래도 무리다. 그러니 좀 짧게 해주었으면 한다. 게다가 다음 달이면 둘째가 진학하기 때문에 다달이 나가는 지출을 줄여야 할 처지이기도 하다. 90분 수업은 안 되겠느냐?"라고 그 어머니로부터 부탁을 받았다는 것이다.

영업사원으로서는 고객의 요구도 있고, 또 계약을 성립시키지 못하면 아무리 열심히 일해도 급료를 받을 수 없기 때문에, 어떻게든 계약을 성립시키지 않으면 안 된다. 그래서 그는 그 자리에서 계산기를 두들겨 '강사의 지도는 1회 90분으로 하고, 수업료는 월 12,000엔으로 한다'는 조건으로 신청을 받아왔던 것이다.

수업료의 총액은 싸지고 이익도 3,200엔에서 2,400엔으로 줄었지만, 회사 이익의 원천인 교재의 매출에는 전혀 영향을 미치지 않았다. 그러니 인정하지 않을 수 없었다. 그런 일 이후로 이 전략은 한때 사내에서 크게 유행했다.

수업료를 싸게 하면 대신에 교재비 예산으로 돌릴 수 있는 비용이 늘어난다. 그런 단순한 이론에서 수업료 총액은 지금까지와 마찬가지로 하고, 교재 판매에 한층 심혈을 기울이는 영업사원도 생겨났다. 풀커미션의 학생 영업사원들에게도 그것은 반가운 일

이었다. 짧아진 지도 시간은 고객 가정에서도 의외로 호응이 좋
았다.

그런데 그때 나는 '1회 90분으로 줄이더라도 월 12,000엔이라
는 수업료는 너무 싼 것 아닌가' 하는 생각을 했다. 감각적으로
'90분 강의에 13,000엔에서 14,000엔 정도가 타당한 가격이 아
닐까?'라고 생각한 것이다. 그래서 90분 강의일 경우에는 시간당
단가를 2,200엔으로 하여, 한 달에 13,200엔이라는 가격으로 영
업을 해보았다. 10%의 가격 인상이었다.

그 결과, 수업료 총액(매출에 해당)은 2시간 강의에 16,000엔에
서 90분 강의에 13,200엔으로 2,800엔이나 떨어졌음에도 불구하
고, 이익은 3,200엔에서 3,600엔으로 증가하였다. 그 결과에는 나
도 놀랐다. 판매가가 17.5%나 떨어졌는데 이익은 12.5%나 늘어
났기 때문이다.

수업료는 1시간당 단가가 축적된 금액이다. 1시간의 단가는 올
라가고 용량은 준 것이기 때문에 총액은 싸지고 이익이 올라간
것이 당연하지만, 당시로서는 획기적인 가격 인상 전략이었다. 또
수업료 총액이 16,000엔에서 13,200엔으로 떨어진 만큼 교재비
에 충당할 수 있는 예산도 2,800엔 증가한 셈이므로, 교재도 그만
큼 팔기 쉬워졌다는 이중의 장점이 있었다.

수업료를 올리니 강사의 실력도 올라갔다

이렇게 지금까지는 없었던 수업료에서의 이익금도 챙기게 되고, 시간당 단가를 인상함으로써 또 한 가지 큰 장점이 있었다. 강사의 질이 눈에 띄게 좋아졌다는 점이다. 즉, 상품의 질이 향상된 것이다.

처음에는 수업료에서 이익이 없었기 때문에, 강사의 교육이나 연수, 예절 등의 품질에 대해 거의 비용을 들이지 않았다. 하지만 수업료에서도 이익을 챙기게 되면서 강사 연수를 실시할 자금의 여유가 생겼다.

그때부터는 강사 연수와 교육도 실시했고, 또 강사가 매달 제출하는 지도보고서도 신경 써서 검토했다. 그뿐만 아니라 그 내용에 대해 상세히 피드백도 할 수 있었다.

강사를 채용할 때도 여러모로 신경을 쓰게 되었다. 채용 테스트를 더 수준 높게 바꾸고, 면접 평가도 이전에는 3단계였던 것을 5단계로 나누어 실시했다. 너무 세분화하여 평가하면 사무비용이 번잡해질 우려가 있어 경원시했는데, 그것을 실시할 만큼의 자금을 조달할 수 있었다.

이렇게 수업료 인상으로 교사의 품질 향상이 자동으로 이루어졌다. 그리고 총괄적으로는 이 모든 것이 고객만족도를 높이는 성과를 거두게 되었다.

회사 차원의 관리 체제도 충실해졌다. 당시 일반 가정에도 팩스가 보급되기 시작한 덕분에 '무료 팩스 상담'을 병행하기 시작했다. 강사가 방문하지 않는 날에도 질문 사항을 팩스로 보내오면, 언제라도 무료로 즉시 응답할 수 있도록 하는 서비스였다. 덕분에 고객의 평가가 한층 좋아졌다.

또한 강사를 신청한 고객도 정기적으로 관리할 수 있게 되었다. 요컨대 신청을 받은 영업직 대학생이 정기적으로 전화를 해서 학부모의 이야기를 듣기도 하고 학생과 이야기를 나누며 격려할 수도 있게 되었다. 그런 관리는 지금까지 없었던 업무다. 영업사원은 모두 대학생이기 때문에 수업 틈틈이 전화를 걸기도 했다. 그 정도로 그들도 열심히 했다.

그래서 나는 새롭게 '관리수당'이라는 명목의 보수를 만들어 영업사원이 담당하고 있는 고객, 즉 과거에 성립시켰던 계약 건수의 누계에 대해, 한 고객당 500엔의 수당을 지불하도록 했다.

누계이기 때문에 오래 일한 영업사원일수록 많은 수당을 받을 수 있다. 예를 들어 계약한 학생이 100명인 영업사원이라면, 매달 관리수당의 고정적인 보수만 해도 5만 엔이었다. 풀 커미션이었던 그들이 기뻐하는 것은 당연한 일이고, 회사가 뭐라고 말하지 않아도 자진해서 고객 관리에 열심이었다.

이런 구조를 만든 결과 영업사원의 의식은 크게 달라졌다. 즉, 수업료에 이익금을 붙여 가격을 인상하면서부터 '가격에 맞는 서비스와 상품을 제공하려면 어떻게 해야 할까?'라고 고민하게 된 것이다. 품질 향상의 사고 전환이다. 가격 인상의 결과로 품질 향상에 대한 이념이 생겨난 것이다. 절대 그 반대가 아니다.

강사들의 반응은 어땠을까? 고객 가정에서 받는 수업료의 시간당 단가는 올랐지만, 실제로 가정을 방문해 가르치는 강사의 시급은 그대로 두었다. 1회 강의 시간이 지금까지 2시간이던 것이 90분으로 줄었기 때문에, 당연히 강사가 받는 수입액은 줄 수밖에 없다. 1회 강의를 하게 되면 1,600엔 2시간으로 3,200엔이던 것이, 1회 강의 시간이 90분으로 줄었기 때문에 2,400엔으로 줄어든 셈이다. 하지만 강사들의 불만은 거의 없었다. 의외라고 생각할지 모르지만, 사실은 불만이 나오지 않도록 구조를 만들어 놓았던 것이다.

방법은 경쟁 원리를 강사에게 응용한 것이다. 즉 강사의 면접 단계에서부터 강사끼리 경쟁하도록 하고, 채용할 때에는 "당신은 ○○명 가운데서 선발된 선생님이니만큼 강사로 채용된 것은 대단한 일이다"라고 말해줌으로써 강사에 대한 자부심을 갖도록 했다. 참고로, 강사로 등록된 이후 실제로 지도할 수 있는 교사로 채용될 확률은 100명 중 한두 명에 불과했다.

게다가 실제로 학생을 담당하도록 하는 단계에서도, 그때까지는 해당 강사를 한 사람 선택해서 "이 학생을 맡아주세요"라고 말하고 보내는 정도였지만, 그때부터는 학생을 담당하게 할 때는 반드시 몇 명의 강사 후보자를 선발하도록 했다. 그렇게 뽑은 몇 명의 후보자에게 테스트를 치르게 하고, 최종적으로 면접을 해서 강사를 결정하도록 하는 시스템이다. 아무나 강사가 될 수 있는 것이 아니라는 것을 알게 하기 위해서였다.

그 덕분에 최종적으로 선택된 단계에서 강사를 하는 동기는 돈이 아닌 명예가 된다. '시급이 너무 싸서 싫다', '1회 강의료가 적어서 하기 싫다'는 등의 불만을 가질 여지를 없앤 것이다.

이처럼 가격 인상이란 단순히 가격만을 올린다고 해서 다 되는 일이 아니다. 전략 발상이 필요하고, 사내의 모든 습관이나 구조, 그리고 서비스나 상품의 품질, 일의 추진 단계나 시스템 등을 총괄적으로 바로잡아야 한다는 것을 알아야 한다. 바꿔 말하면, 우선 가격을 인상하고 나면 비로소 서비스나 품질 향상에 경영의 관심이 쏠리게 된다는 말이기도 하다. 이것이 무엇보다 중요한 포인트다.

이익을 얻으면서 철수할 타이밍을 노려라

또 한 가지, 가격 인상이 사업의 성패를 결정짓는 때가 있다. 사업을 철수할 때다.

경험해본 사람은 알겠지만, 사업 철수에는 상당한 비용과 시간이 든다. 사업을 일으키는 것 이상의 노력도 필요하다. 그 정도로 신중하지 않으면 사업 철수는 성공하지 못한다. 더군다나 중소기업이면 두말할 필요도 없다.

그러므로 사업을 철수시킬 때는 충분한 수익을 확보해두는 것이 중요하다. 사업 철수로 인해 타인에게 피해가 되는 일이 있어서는 안 된다. 사람의 인연은 한 번으로 끝나는 것이 아니기 때문에, 새가 떠난 뒷자리처럼 지저분해서는 절대 안 된다. 그랬다가는 다음 사업 운이 멀리 달아나버리기 때문이다. 그런 의미에서도 충분한 이익을 얻으면서 여유를 가지고 철수하는 것이 중요하다. 그러기 위해 나는 가격 인상을 단행해 수익을 확보하도록 했던 것이다.

나는 그 후 이 강사 파견 사업의 철수에 성공했지만 논리적인 뒷받침이 있었던 것은 아니다.

많은 정보를 수집하고 타인의 충고를 듣고 여러 가지 사례를 통해 배운 것을 토대로 철수할 타이밍을 생각하는데, 결론적으로 누구도 최적의 철수 타이밍을 알 수는 없다. 인간은 신이 아니기 때문에 당연한 얘기다.

결국 관건은 경영자의 직관이다. 안타깝지만 그것뿐이다. 하지만 직관의 정도를 높여 철수의 성공 확률을 높이는 방법은 있다.

내가 강사 파견 사업을 시작했을 당시, 강사 파견업계에의 신규 참가가 계속되고 있었다. 당시 그 일에 종사하던 사람으로서 업계가 성장기를 맞이했음을 알 수 있었다. 아니, 어쩌면 성숙기에 접어들기 시작했을지도 몰랐다. 그런데도 업계 전체의 품질 수준은 여전히 미숙했다. 대형 입시학원도 본업 이외에 강사 파견을 시작해 새로운 수익원으로 삼는 등 시장은 확대되고 있었다. 단순한 소개업이기 때문에 영업력만 있으면 비교적 쉬운 업태였고, 그 때문에 신규 참가는 끊이질 않았다.

타사는 품질보다 영업력에 주력하여 실적을 올리고 있었다. 여전히 시장에는 개척 여지가 남아 있었다. 그러므로 대부분의 경쟁사는 시장 개척에 주력했고 품질 개선은 뒷전이었다. 나의 가격 인상 전략은 자동적으로 품질 수준 향상으로 발전했기 때문에 결국 성공할 수 있었다. 당시의 강사 파견업계는 그런 양극단의 업태가 모두 성장할 수 있었고, 여전히 비교적 간단하게 수익을 올릴 수 있는 업계였다.

당시의 나는 요코하마에서 사업을 시작해 도쿄를 비롯한 간토 지방을 중심으로 영업을 했는데, 업계 최대 규모인 '트라이 그룹'은 아직 간토 지방에는 진출하지 않은 상태였다. 그야말로 행운이었다. 트라이 그룹의 진출로 강사 파견 사업이 더 일반화되면 업계 전체가 한층 더 성장하게 될 것이라고 예상했기 때문이다.

단기적으로 보면 업계 전체가 성장하는 것이지만, 장기적으로는 경쟁이 한층 치열해질 것이 예상되었다. 나는 '트라이 그룹의 진출과 동시에 철수하는 것이 최상이다'라고 판단했다. 단기적으로 보면 트라이 그룹이 실시할 TV광고 등으로 업계의 인지도가 높아지면 시장은 순식간에 커져 우리도 지금보다 더 돈을 벌 수 있다. 하지만 장기적인 안목으로 보면, 그로 인해 기업 간의 경쟁은 한층 격화될 것이 뻔했다.

수익 면에서는 아직도 매력적이었지만 부정적인 요인도 있었다. 그것은 이 비즈니스 모델을 성립시키는 데 필수적인 고객 전화번호 목록, 즉 강사를 구하는 예비 고객의 명단의 문제였다. 명단을 입수하는 것이 해를 거듭할수록 어려워졌다. 주민등록표 열람에도 한계가 있고, 또 행정기관에서 일정한 제한을 받는 일도 생겼다. 목록 입수를 위한 비용은 해마다 증가했다. 최근에는 신문 한 귀퉁이를 장식할 정도의 불법적인 수법으로 고객 목록을 입수하는 업자도 생겨나고 있다. 그뿐 아니라 개인정보를 보호하려는 경향도 날로 높아지는 상황이라, 이 비즈니스 모델의 장래가 절대 밝지만은 않다는 것을 그때부터 느꼈다.

거기다 업자들이 사용하는 고객 목록이 동일한 경우가 많아서, 같은 고객의 가정에 몇 군데의 영업사원이 전화를 하거나 방문하는 일이 부지기수였다. 타사는 프로의 영업사원을 고용하고 있다는 점을 고려할 때, 대학생을 영업사원으로 채용하고 있는 우리 회사가 이길 재간이 없었다.

영업력 강화를 도모하기 위해 롤플레잉 등 연수를 실시하기도 했지만, 역시 학생으로는 한계가 있다. 강매와 같은 너저분한 영업도 횡행하던 시점이었고 나도 방문 판매의 프로가 될 생각은 애당초 없었기 때문에 강력한 영업을 강요하지는 않았다. 충분히 수익을 올리고 있는 사업이기는 했지만, 이런 업계에서 비즈니스를 장기적으로 지속할 생각은 없었다. 이런저런 사정을 종합해본 결과, 항상 나는 공격의 전략과 더불어 철수할 타이밍을 노리고 있었다.

한 가지 일에 집착할수록
이익을 잃을 리스크는 높아진다

나는 강사 파견사업을 하면서 동시에 휴대전화를 판매하는 새로운 사업을 전개하고 있었다. 언제까지나 한 가지 사업에만 집착

해서는 다음의 새로운 파도를 타지 못할 것이라는 생각을 그 무렵부터 갖고 있었다. 한 가지 사업에 집착하면 할수록 이익을 잃게 될 것이라고 생각했던 것이다.

그러면서 조금씩 철수할 준비를 진행했다. 언제 그 시기가 와도 좋도록 만반의 준비를 갖춰두기 위해서다. 그러는 사이 마침내 트라이 그룹이 간토 지방에 진출했다. 아니나 다를까 대대적으로 TV 광고를 개시했다. 나는 그와 거의 동시에 사업양도, 매각이라는 형식M&A으로 철수를 완료했다(다만 훗날 '역M&A'형식으로 다시 매입했다).

철수를 성공시킨 비결은 오직 하나, 업계 전체가 성장하고 있을 때, 신규 참가가 계속되고 있을 때 철수하는 것이다. 한마디로 한창 벌이가 좋을 때 철수한 것이다.

타인이 '왜 지금 같은 때에 그만둬, 아깝게!'라고 말할 때가 바로 철수할 최적의 타이밍이다. 생각해보라. "철수하는 게 옳다. 더 이상 돈을 벌기는 어려워!"라고 모두가 말할 때는 이미 늦다. 누가 보더라도 철수하는 것이 좋다는 상황은 누가 보더라도 돈벌이가 안 된다는 증거이기도 하기 때문이다. 이익을 얻고 있는 상황에서 여유를 가지고 철수하기는 불가능한 때다. 사업을 매각할 때도 헐값으로 떨어져 이러지도 저러지도 못하게 된다.

결국 우물쭈물하며 자잘한 이익에 집착하다 그만 철수할 시기를 놓쳐버리고 만다. 철수할 수 없게 되면, 새로운 사업의 힌트를 거머쥘 기회도 놓치고 만다. 새로운 파도에 올라탈 수도 없게 되는 것이다.

사업을 존속시키든 철수시키든, 일단 수익적으로 여유가 없으면 어느 쪽이 됐든 성공할 수 없다. 당신이 비즈니스에서 성공을 거두고 싶다면 가격 인상 전략을 실행하는 것이 성공의 지름길이라는 것을 명심하라.

적정한 가격을
적절한 고객층에게 받는다:
스티커 사진 사업

무료였던 가맹비를 10만 엔으로

앞에서 보았던 강사 파견사업의 가격 인상 사례는 교육산업에서
의 사례다. 교육산업이란 이른바 정보산업이기도 하다. 상품이 물
건이 아니기 때문이다.

　그럼 이번에는 상품이 물건인 경우의 가격 인상 성공 사례를
들어보자.

　내가 새로 시작했던 스티커 사진 사업의 예다. 여기서도 나는
아주 대담한 가격 인상을 몇 번이나 실시했고, 그때마다 수익을

증가시켰다.

스티커 사진 사업을 시작하게 된 계기는 아주 사소했다. 당시 나는 새로운 사업으로 노래방 기기나 게임기를 판매하는 사업을 하고 있었다. 그 사업의 확대 정책으로 한 신형 게임기의 판매에 주력하고 있었다.

그러던 그해 크리스마스 이브, 그 신형 게임기의 영업을 위해 찾아갔던 아키하바라에 있는 한 제조사의 사장님으로부터 '스티커 사진기를 팔아보지 않겠느냐?'라는 제안을 받았다. 그렇게 나는 스티커 사진기를 판매하게 되었다.

이 사업도 결국 대성공을 거두었다. 다만 사업 초기에 가격을 결정할 때 아주 치명적이고도 부끄러운 실패를 했다.

나는 스티커 사진기를 직접 판매하는 것 외에도 판매 채널을 따로 확보했다. 대리점을 모집해서 그 루트를 통해 판매하도록 했던 것인데, 그때 대리점 가맹비를 무료로 한 것이 가격 결정의 가장 큰 실패였다.

스티커 사진기의 대리점 모집에는 대개 한 달에 50명 전후의 희망자가 있었는데, 가맹비가 무료라는 이유로 안이하게 응모한 사람이 많았다. 그 때문에 이후 응모자의 교육에 많은 노력과 시간을 들여야 했고 그를 위해 당연히 비용도 들었다.

무료로 하면 확실히 응모자는 많이 모이고 그만큼 대리점 수도 많아진다. 하지만 그래서는 '그 정도의 사람'밖에 안 모인다. 적극적으로 해보겠다는 사업자나 법인은 좀처럼 응모하지 않았다. 수익 면에서도 질적 면에서도 이것은 명백한 실패였다.

그래서 나는 다음 모집 때부터는 가맹할 때 5만 엔의 등록비를 받기로 했다. 응모자가 격감하지 않을까 불안했지만, 5만 엔을 지불하더라도 하고 싶다는 의욕 있는 사람들이 오기를 바랐다.

응모자가 상당히 줄어들 것으로 예측했지만, 결과는 꼭 그렇지도 않았다. 신청 건수는 월평균 40건으로 조금 줄었을 뿐이었다. 그리고 수익은 0엔에서 순식간에 월 150만 엔, 200만 엔으로 급상승했다.

내친김에 다음 달 응모에서는 가격 테스트 명목도 포함해서 가맹비를 10만 엔으로 인상했다. 그 이유 중 하나는 타사의 여러 대리점 가맹이나 프랜차이즈 가맹의 비용은 훨씬 높았다는 것이다. 또 하나의 이유는, 이 스티커 사진기는 1대를 판매하면 10만 엔 이상의 이익이 남는 가격대를 설정하고 있었다는 것이다. 가맹비가 10만 엔이라도 1대만 팔면 본전을 찾을 수 있으니 결코 비싼 것이 아니다.

사실 영업 활동만 제대로 하면 1대도 못 팔 일은 있을 수 없다. 그렇다면 10만 엔의 초기 비용이 들더라도 응모할 사람은 많을 것으로 생각했다. 그러면서도 응모자가 줄어들지 모른다는 각오는 하고 있었다. 가격은 이전의 2배. 처음의 무료와 비교하면 10만 엔이나 올린 셈이다. 불안이 회오리 치는 하루하루였다.

하지만 실제로 모집을 개시하고 뚜껑을 열어본 결과, 그 달에 무려 25명 전후의 응모자를 확보할 수 있었다. 가격을 배로 했는데도 응모자는 반감하지 않았다. 그 결과, 가맹비만으로 월 250만 엔의 수익이 생겼다. 당연히 응모자의 자질은 높았고 모두 의욕이 넘쳤다. 10만 엔을 투자했으니 본전을 찾아야지 하는 마음이 의욕의 원천이 되었던 것이다.

그 후 대리점들 사이의 정보 공유와 영업상의 상담을 위한 방책으로, 대리점들을 모아 기업가의 비즈니스 서클인 '패스미디어 그룹'을 만들었다. 물론 그때의 회비도 처음 가맹 단계에서 받도록 했다. 그 결과, 최종적으로 가맹비는 126,000엔이 되었다. 하지만 가맹 수는 거의 변함이 없었고 가격을 올린 만큼 그대로 수익 증가로 이어졌다. 가격 인상 전략에 멋지게 성공한 사례다.

가격대에 따라 모이는 고객층이 달라진다

내가 단순히 가격만 올린 것은 아니다. 가격 인상을 할 때 내가 생각했던 것은, 가격을 인상하는 대신 가맹자에 대한 확실한 관리를 책임지겠다는 것이었다. 그러기 위해서 다음과 같은 노력을 실천했다.

첫째, 영업 매뉴얼을 만들었다.

상품 설명은 물론이고 대리점에 맞는 영업 매뉴얼을 만들었다. 대리점이 스티커 사진기를 판매하는 것을 전제로 하여, 영업 노하우를 제대로 가르칠 수 있는 매뉴얼이다. 말하자면 가맹자는 대리점이라는 상품을 구매해준 고객이기 때문에, 그 만족도를 높이기 위해 실시한 고객 만족의 일환이다. 이것은 상품의 품질 향상과도 연관이 있다.

둘째, 대리점 등록증을 만들었다.

사실 가맹비가 무료였을 때는 계약서만 교환하면 그만이었는데, 아무래도 그것만으로는 소속감을 잘 느낄 수 없다. 그래서 약간 고리타분한 방식이기는 하지만 동료의식을 높이기 위해 계약서뿐만 아니라 대리점 등록증을 만들어서 전달했다. 등록증은 고급스러운 느낌이 들도록 그냥 종이가 아닌 상장 형식으로 만들었고 제본 가공을 했다.

셋째, 가맹자가 희망하면 명함도 무료로 제작해주었다. 이것 또한 대리점으로부터 상당한 호평을 얻었다.

이렇게 해서 처음에는 무료였던 가맹비가 최종적으로는 126,000엔으로 확정되었고, 그 결단은 결과적으로 월 200만 엔 이상의 수익 증가 효과를 가져다주었다.

이때 내가 실감했던 것은 가격에 따라 모여드는 고객이 전혀 달라진다는 것이다. 가맹비가 무료였을 때는 그야말로 '공짜니까 어떻게 되든 상관없다'라고 얼렁뚱땅 생각하는 가맹자가 많았는데, 가맹비를 10만 엔으로 바꾼 후로는 '10만 엔을 지불해서라도 하고 싶다'는 사람, '10만 엔이나 들였으니 열심히 해봐야지!'라고 의욕을 불태우는 가맹자가 많아졌다.

어떤 비즈니스는 '적정한 가격을 적절한 고객층에게 받는다'는 발상을 가져야 한다. 그리고 가격 인상에는 그런 전략 발상이 자연스럽게 나타난다는 장점도 있다.

비즈니스 모델을 재평가하여
가격 인상의 근거로 삼는다

사실 내가 가격 인상을 했던 것은 가맹비만이 아니다.

가맹비 인상과 동시에 스티커 사진기 본체의 판매가격도 인상했다. 그 목적은 자사의 수익 증가와 더불어 대리점들의 수익도 좀 더 올려주기 위해서였다.

매입비용을 내림으로써 얻어지는 수익에는 아무래도 한계가 있다. 하지만 영업력을 갖추면 비싸도 팔 수 있게 되고, 그러면 자연히 이익을 올릴 수 있으리라는 발상이었다. 그것을 위해 나는 가맹 대리점에게 여러 가지 영업 노하우를 제공했다. 동시에 스티커 사진기의 품질을 충실히 했고, 사진에 각 대리점의 오리지널 메시지를 넣을 수 있도록 해서 경쟁력을 높이도록 했다. 스티커 사진기 본체의 가격 인상 폭은 당초의 500,000엔에서 698,000엔으로, 198,000엔이나 올렸다.

판매 대리점으로부터 불안의 목소리가 약간 있기는 했지만, 나에게는 반드시 팔릴 것이라는 확신이 있었다. 내가 그런 확신을 가질 수 있었던 것은, 사실 내가 팔던 스티커 사진기가 초소형 탁상 스티커 사진기였기 때문이다. 그 때문에 호프집이나 살롱, 카바레나 노래방 등의 좁은 장소에도 간단하게 설치할 수 있었다.

당시는 폴라로이드 사진기로 사진을 찍는 것이 술좌석에서 유행하던 때라서, 이미 시장은 만들어져 있던 셈이다. 폴라로이드 사진기로 촬영한 사진은 1장당 1,000엔에 판매되고 있었다. 그랬기 때문에 판매에 불안은 없었다. 또 노래방에도 당시에는 대기실에 대형 스티커 사진기가 한 대 달랑 놓여 있을 뿐이었는데, 탁상 크기라면 각 호실에 설치할 수도 있었다.

판매 대상은 얼마든지 있고 탁상 크기의 스티커 사진기라는 우위성이 있었기 때문에 영업은 얼마든지 가능했다. 학생이라도 팔 수 있다. 그런 영업 측면의 장점을 가격에 반영했던 것이다.

참고로, 스티커 사진기란 한 번 팔고 나면 그만인 상품이 아니다. 보수작업도 필요하고 스티커는 소모품이기 때문에 그 판매에 따른 이익도 발생한다. 지속성이 높은 상품이므로 사업으로서 상당히 매력적인 제품이기도 했다.

그 후 나는 스티커 사진기 메이커와 합의하여 오리지널 브랜드의 OEM 공급을 시작했다. 메이커의 브랜드를 가지고는 아무래도 거래처에서 타사 영업사원과 맞닥뜨릴 수도 있어, 영업사원이 영업하는 데 상당한 어려움이 있었기 때문이다. 반면 오리지널 상품이면 자사 독자의 상품이다. 가격 결정도 타사를 의식하지 않고 자사의 뜻대로 할 수 있다.

그 장점은 아주 컸다. 최종적으로는 당초 500,000엔이었던 본체 가격이 828,000엔이 되었다. 328,000엔이나 오른 가격이었다. 그러나 판매 수량은 감소하기는커녕 폭발적으로 늘어났고, 인기 상품으로 비즈니스 주간지에 소개되었을 정도였다.

가격 인상에는 전략에 근거한 연구 노력이 필요한데, 이번 전략은 판매에 종사하는 대리점의 질과 의욕을 향상하고, 그것을 지원하는 영업 기술의 관리와 OEM 공급이었다.

이런 전략만 확실히 한다면 가격 인상은 반드시 성공한다. 가격 인상 성공의 비결은 비즈니스 모델의 전략적인 재평가에 있다.

가격 테스트로 고객의 감정을 알다: NTT 대리점 사업

스티커 사진기 다음으로 내가 손을 댄 것은 1장에서 소개했던 NTT의 대리점 사업이다. 여기서 가격 인상의 실천 사례로 더 자세하게 그 경위를 소개하겠다.

성장의 파도를 타라

NTT의 대리점에는 크게 두 종류가 있다. 하나는 NTT 브랜드의 전화기, 팩스, 복사기 등 통신기기를 판매하는 대리점이고, 또 하나는 이른바 네트워크 상품을 판매하는 대리점이다. 전송전화의 착신전환, 번호표시 서비스, 캐치폰이나 단축키 서비스, 타임 플러스 등의 갖가지 할인 서비스, ISDN 회선, 지금 같으면 ADSL 회선이나 광케이블 등을 판매하는 대리점이다.

나는 네트워크 상품을 판매하는 대리점으로 운영했다. NTT에게 받는 중개수수료가 이익이 된다. 예를 들어 착신전환 기능을 추가하고 싶은 고객이 있으면 NTT에 전화를 걸어 "이 고객이 지금의 전화번호에 착신전환 기능을 추가하고 싶다고 하니, 부탁합니다"라고 말하기만 하면 된다. 매입할 것도 아무것도 없기 때문에 가격 결정이라는 개념은 존재하지 않는다.

하지만 인터넷 붐이 일고 거래량이 증가하게 된 ISDN 회선의 경우는 사정이 조금 달랐다. NTT에 발주하는 것으로 끝이 아니라 터미널 어댑터라는 기계를 설치하지 않으면 사용할 수 없다.

ISDN 회선은 인터넷과 전화를 동시에 사용할 수 있는, 당시로서는 초고속을 자랑하는 용량이 큰 정보통신 회선이었다. ADSL이 등장하기 전까지는, 고속 인터넷은 ISDN뿐이었다. 그러니 ISDN의 대리점 비즈니스는 시대 흐름의 후원을 든든히 받고 있었던 셈이다.

또 하나, ISDN 회선 비즈니스에 순풍이 되었던 것은 휴대전화의 보급이었다. 독립해 혼자 사는 학생 등이 전화 회선을 깔지 않고 휴대전화를 사용하는 스타일은 당시에 이미 보편화되었는데,

그들이 막상 결혼하면 언젠가는 신혼집에 고정전화 회선을 깔게 된다. 또 자동차를 할부로 산다거나 신용카드를 만들거나 할 때는 연락처가 휴대전화만으로는 불충분했던 것이다.

그런 사회적 사정으로 새롭게 전화 회선을 까는 사람이 의외로 많았는데, 그때 '어차피 깔 거면 인터넷이 빠른 ISDN이 좋다'는 이유로 ISDN의 시장은 한층 넓어졌다.

내가 '이 사업은 된다!'라고 생각하게 된 계기는, NTT 대리점을 막 시작했을 무렵 결혼해서 신혼 살림을 차린 친구가 새로 전화 회선을 깔려고 한다며 상담을 해왔을 때였다. ISDN 회선이 나온 지 얼마 되지 않았을 때였다. '전화도 필요하지만 어차피 인터넷을 할 거니까 ISDN이 좋다'는 이야기가 오가게 되었고, 결국 친구는 ISDN 회선을 깔았다. 그 후 그 친구의 소개로 ISDN 회선을 간 것은 외국에서 온 유학생이었다. 본국과 인터넷으로 메일을 주고받을 때 ISDN이 훨씬 좋다는 것이었다.

'옳거니, 이런 수요가 있었구나!'

나는 ISDN 시장의 확대를 확신했다.

가격 테스트로 알게 된 고객감정

당초에 나는 25,000엔의 가격 결정으로 ISDN 회선을 깔았다. 어댑터가 25,000엔 정도였기 때문에 원가에 판 격이다. 이익이라면 NTT에서 받는 수수료뿐이었다. 그때까지의 대리점 사업과 완전히 똑같은 방식이다. 기계를 제공하는 것이기 때문에 한 집 한 집 방문해서 설치도 했다. 의외로 손이 많이 가는 사업이었다. 그때 나는 '좀 더 효율적으로 회선을 판매하려면 통신판매 형식이 더 좋겠다'라고 생각했다.

하지만 그러기 위해서는 고객이 어댑터를 설치하다 발생할 수 있는 문제나 전화가 잘 연결되지 않는다는 불만에 대응할 부서가 필요해진다. 어댑터의 원가를 그대로 반영한 가격으로는 그런 관리 체제를 갖추기 위한 자금이 마련되지 않는다. 그렇다면 어떻게 해야 할까? 바로, 어댑터에서 수익을 발생시키면 된다.

그런데 문제가 있었다. '도대체 얼마에 팔아야 할까?' 하는, 단순하지만 중요한 문제였다. 아직 ISDN 회선이 보급된 지 얼마 안 된 시절이라 이런 식으로 가격을 고민하는 사업자는 전혀 없었다. 이른바 최초의 시도였던 셈이다.

나는 여러 가지 가격 테스트를 해보았다. 물론 처음에는 가격을 얼마로 해야 좋을지 확신이 서지 않았다. 특히 4월의 이사철이 끝난 뒤였기 때문에 과연 전화를 새로 들일 사람이 있을지 어떨지도 몰랐다. 적어도 내 주변에는 그런 사람이 없었다.

그런 와중에 내가 가장 먼저 한 것은 후쿠오카의 지역신문에 3

행짜리 광고를 내는 것이었다. 가격은 25,000엔으로 책정했다. 그랬더니 한두 건의 가입 신청이 있었다. 다음에는 19,000엔으로 낮추어보았다. NTT의 수수료가 10,000엔 있었기 때문에 어댑터에서 약간 손해를 보더라도 이익은 남을 것이라는 계산에서 설정한 가격대였다. 그 결과 역시 한두 건의 신청이 있었다.

그런데 문제는 그다음이었다. 나는 이번에는 가격을 올려 35,000엔으로 광고를 냈다. '25,000엔이나 19,800엔일 때 신청을 한두 건 받았다면 35,000엔으로 올리면 신청이 아예 없지 않나?'라고 생각하는 사람이 많을 것이다. 그러나 나에게는 승산이 있었다.

내가 판매하던 ISDN 회선은 전화가입권이 필요 없는 회선이었다. 통상 전화가입권은 7만 엔 이상이었고 중고라도 당시에는 5만 엔 정도였다. 즉 '전화 회선을 까는 데는 비용이 비싸게 든다'라는 막연한 인식이 소비자에게 만연해 있는 것은 아닐까 생각한 것이다.

결과는 신청 건수가 한두 건으로 그때까지와 다르지 않았다. 그다음은 파격적으로 가격을 내려서 9,800엔으로 해보았지만 역시 결과는 변함이 없었다. 5,800엔까지도 내려보았는데 결과는 역시 한두 건의 신청이었다. 싸게 해도 신청 건수는 늘지 않았다. 오히려 싼 가격대에서 주문을 받기가 더 어려웠다. 고객의 불안이 컸기 때문에, 그 불안을 줄이기 위해 설명하는 것이 보통 어려운 일이 아니었다. 시장의 인식대로라면 적어도 5만 엔은 드는 시대였기 때문에 어쩌면 당연한 결과였는지 모른다.

시험 삼아 0엔으로도 해보았다. 0엔이면 당연히 적자지만, NTT에서 연간 중개 수에 대한 특별 인센티브나 월간 특별 인센티브를 받을 것을 고려한 것이다. 하지만 이번에는 신청 건수가 0건이었다. 가격의 품질 표시 기능 부분에서 말했던 것처럼 0엔으로는 도저히 신뢰할 수 없는 '수상한 가격대'에 해당되는 것이다.

경쟁사가 가격을 내릴수록
우리 회사의 실적은 오른다

여러 번의 가격 테스트를 한 결과, 나는 최종적으로 29,800엔으로 가격을 결정했다.

어댑터의 원가가 25,000엔이었으니까 썩 좋은 가격은 아니지만, 그래도 다음 광고의 자금이 될 정도의 이익은 남는다. 29,800엔이라는 가격에는 그런 의도가 있었다.

최대의 문제는 광고를 내면 타사에 우리 회사의 가격이 들통난다는 것이었다. 당연한 얘기다. 당연히 타사는 29,800엔보다 싼 가격대를 들고 나온다. 25,000엔인가 싶으면 어느새 19,800엔으로 떨어져 있고는 했다.

하지만 나의 걱정은 완전 기우에 불과했다. 1장에서 살펴본 표 1-1을 다시 한 번 보자. 재미있게도 타사가 가격을 내리면 내릴 수록 우리 회사의 실적은 상승하고 있다.

타사가 1만 엔 이하로 가격을 내렸을 때는 나도 조금은 불안 해졌지만, 실적이 좋았기 때문에 새삼 가격을 내릴 필요는 없다 고 판단하고 29,800엔을 계속 유지했다. 그리고 2001년에는 NTT 자회사와 대형 가전판매점을 통틀어 전국 최고의 실적을 올리게 되었다.

그런 실적을 올릴 수 있었던 요인은 역시 고가격대를 유지한 가격 전략 덕분이다. 반대로 가격 인하를 고집했던 경쟁사는 랭 킹 50위에도 들지 못했다.

최저가격 팀으로 고객의 의도를 읽어내다

나의 가격 전략은 왜 성공했을까?

우선 고가격의 설정을 유지하기 위한 전략을 사내에 충분히 구 축하고 있었다는 점을 들 수 있다. 가장 먼저 준비했던 것이 관리 시스템이었다. 여기서 말하는 관리란 고객이 전화회선을 안심하 고 사용할 수 있도록 하기 위한 일련의 절차였다.

경쟁사는 전화 회선을 까는 것을 단순히 '중개'라는 개념으로 실천하고 있었다. 그에 비해 우리가 고객에게 제공했던 것은 '전화를 안심하고 사용할 수 있는 상태'였다. 그 차이는 하늘과 땅이었다.

ISDN이나 ADSL을 깔아본 사람은 알겠지만, 실제로 인터넷 서비스를 설치해서 사용하기까지는 번잡한 절차가 필요하고 그 과정에서 자잘한 문제가 발생하기 쉽다. 실제로 내가 ISDN 판매를 시작했을 때도 고객의 불만과 문제 제기가 상당히 많았다. 단순한 고객의 착각이었거나, 원칙적으로 NTT가 책임져야 할 불만사항이거나, 혹은 어댑터의 초기 불량이거나 하는 여러 경우가 있었다.

그런 불만사항을 분석해서 내린 결론은 사내의 전문 부서에서 어댑터의 불량까지 포함해 AS를 하자는 것이었다. 고객에게 보내는 감사장에 "무슨 문제가 있을 때는 NTT가 아닌 저희에게 전화를 주시길 바랍니다"라고 쓰거나, 전화로 신청을 받을 때는 "마지막으로 불편한 점이나 의문점은 없는지요?"라고 묻거나, 24시간 전화 상담도 가능하도록 했다.

이런 구조를 구축할 수 있었던 것은 단순히 전화 회선을 간다거나 어댑터를 제공한다는 것이 아닌, 1장에서 말했던 것처럼 '전화를 안심하고 사용할 수 있는 상태를 제공한다'는 발상으로 바

꿨기 때문이었다.

물론 모든 것이 다 성공한 것은 아니다. 사실 나는 가격을 올리는 한편, '최저가격 팀'이라는 신규 팀을 설치했다. 최저가격 팀이란 최저가격으로 제시한 상품을 상담하는 전담 부서를 말한다.

하지만 이것은 전혀 성공하지 못했다. 같은 매체에 가격이 다른 광고를 내면서 전화번호와 주소를 달리 했기 때문에 광고를 본 사람들은 다른 회사의 제품이라고 생각하게 된다. 신청 건수는 싼 것이 많았지만, 1건당 이익은 일반 상담 건을 담당하는 정규 팀의 3분의 1 정도였다. 결국 정규 팀의 이익을 웃도는 정도의 주문까지는 이르지 못했다. 오히려 "생각해보고 다시 전화할게요"라고 하고 계약 성립까지는 이르지 못하는 경우가 많았다. 너무 싸서 불안하게 생각하는 고객이 압도적으로 많았던 것이다.

그런 고객은 2~3분 후에 최저가격 팀이 아닌, 같은 층에 위치한 정규 팀으로 다시 전화를 걸어왔다. 같은 매체에 두 가지 광고가 실려 있어서 일단 먼저 싼 쪽에 전화하고 다음으로 비싼 쪽에 전화를 거는 것이다. 이것이 흔히 있는 패턴이었다.

같은 층에서 두 팀을 가동하고 있었기 때문에 재미있게 시장 분석을 할 수 있었다. 당연히 비싼 쪽이 순조롭게 주문을 받았다. 최저가격 팀에는 의문을 가지고 전화를 건 사람도, 고가격 팀에 문의할 때는 거의 그런 의문을 내비치지 않았다. 그리고 비교적 자연스럽게 주문에 이르게 된다. 그랬으니 최저가격 팀이 바보스러워 보이기까지 했다.

최저가격 팀은 실패했지만, 그것을 실행함으로써 진짜 시장의 속성을 알게 되었다. 아무리 이론에 비춰 생각한들 실제로 행동해보지 않고는 모르는 법이다.

복수의 가격대를 준비해두는 것은 서로 다른 고객층을 확보하기 위해 유효한 전략의 하나다. 압도적으로 시장을 석권하고 싶다면 그러는 편이 효과적이다. 다만, 이익을 충분히 확보할 수 있는 부서나 상품을 가지고 있어야 하는 최저조건이 있을 뿐이다. 내가 최저가격 팀을 마련할 수 있었던 것도, 고가격대의 정규 팀으로 충분한 이익을 확보하고 있었기 때문이었다.

전략 발상이 낳은 타운페이지 광고 활용법

고가격대 상품을 팔기 위해서는 여러 가지 전략 사고가 필요한데, 그중 큰 요소의 하나가 광고 전개의 노하우다.

내가 NTT 대리점 사업에서 사용했던 광고매체는 신문광고 외에도, 서비스권이 듬뿍 실려 있는 상가의 무료 광고지, 구인광고 등이 많이 실린 무료 정보지, 그리고 전화번호부의 타운페이지 Townpage였다.

타운페이지는 게재될 때까지 적어도 반년, 대개는 원고의 작성까지 포함해서 1년 정도가 걸린다. 게다가 일단 게재되면 1년간 광고 내용을 바꿀 수 없기 때문에 가격 결정에 실패해도 1년간은 계속 그 가격을 유지할 수밖에 없다. 경쟁사에서 낮은 가격으로 광고를 내면, 그 시점에서 1년간의 광고는 실패로 끝날 위험이 크다. 그만큼 어떤 가격으로 광고를 게재할 것인지, 상당히 어려운 판단이 요구되는 것이 타운페이지 광고다. 광고 효과는 뛰어나지만, 실패하면 손실을 볼 확률도 크다.

내가 최초로 광고를 낸 것은 시험적으로 게재했던 후쿠오카 타운페이지였다. 이때 나는, 업계가 암묵적으로 정하고 있던 '가격을 명시하지 않는다'라는 금기를 깨고 말았다. 상당히 작은 크기의 광고에 떡하니 가격을 제시했던 것이다. 그 광고에 명시했던 가격은 29,800엔. 가로 세로 5센티미터도 안 되는 작은 광고였지만, 이때 가격을 명시한 것은 우리 회사 하나뿐이었다. 그 전략이 맞아떨어졌던 것일까? 광고의 효과는 월간 신청 건수가 42건, 매출이 약 125만 엔으로 나타났다. 광고비가 월 1만 엔도 하지 않았기 때문에 투자 효과는 그야말로 높았다.

2년째에는 전국의 타운페이지에 게재하도록 했다. 그때도 대성공이었다. 1년째는 한 시장당 한 매체에만 게재했는데, 이번에는 홋카이도에서 오키나와에 이르기까지 전국에 걸쳐 게재했다.

게재한 매체 수는 전국에 약 200개, 발행부수는 약 6,000만 부에 이르렀다. 매출도 30배 이상의 성과를 거뒀다. 가격을 명시함으로써 가격의 품질 표시 기능이 작용하였고, 잠재적으로 안심감을 부여함으로써 그 반향이 일시에 나타났던 것이다.

문제는 3년째였다. 2년째의 광고는 모든 경쟁사가 눈을 치켜뜨고 보고 있었다. 따라서 그들이 싼 가격으로 광고를 낼 것은 쉬 예상할 수 있는 일이었다. 실제로도 3년째는 경쟁사가 너도나도 싼 가격으로 타운페이지에 광고를 게재했다. 16,000엔이나 14,000엔, 개중에는 6,980엔까지 하는 곳도 있었다. 그럼에도 불구하고 나는 지금까지 해왔던 대로 같은 광고 전개를 계속했다. 그들의 영향이 다소 있기는 했지만 여전히 실적은 좋았고, 결국 전국 최고의 자리에까지 이르게 되었다. 이것은 솔직히 타운페이지 매체의 영향력 덕분이라고 할 수 있다.

하지만 나는 이미 2년째 되던 해에 사업에서 철수할 것을 결심했다. 미국에서의 기술 정보나 정치 동향, 세상 돌아가는 추세가 ISDN이 아닌 ADSL과 광케이블로 움직이고 있음을 감지하고 있었기 때문이다. 그리고 야후BB의 ADSL 사업 참가를 신호로 NTT 대리점 사업에서 성공적으로 철수했고, 다음 파도에 성공적으로 올라탈 수 있었다.

대량 광고 전략은 실적이 가장 좋았던 2년째에 이미 끝낼 준비를 했다. 그랬기 때문에 ISDN 회선의 보급수가 역사상 최초의 감소를 기록하기 전에 이미 그 사업에서 철수할 준비가 되어 있었다. 그런 여유로운 철수가 가능했던 것도, 마지막까지 고가격 전략을 버리지 않았기 때문이었다.

정말 성공하고 싶다면 경쟁자에게 배워라

내가 타운페이지를 이용해 전국에 광고를 내기로 결심한 것은, 항상 경쟁사의 정보를 수집하면서 경쟁사를 수시로 관찰하고 있었기 때문이기도 하다. 덕분에 내가 결정한 가격에 자신감을 가질 수 있었다. 경쟁사의 동향을 철저하게 조사해두는 것은 가격 전략을 세우는 데 필수조건이다. 경쟁사의 경영 방식을 면밀히 분석해서 그 회사를 따라잡거나 추월하기 위해 펼치는 전략을 벤치마킹, 적정敵情시찰이라고 할 수 있는데 여기서는 '경쟁사 분석'이라고 해두자.

'이 업체는 눈여겨볼 필요가 있겠다'라고 생각한 경쟁사는 직접 방문하기도 했다. 그런 정보 시찰이라고 해서 달리 특별한 것은 없다. 대형 가전판매점이나 외식산업, 자동차판매, 주택판매 등 대부분의 업종에서는 일상적으로 실시하는 것이다. 대형 가전판매점에서는 고객을 가장한 직원을 경쟁사 점포에 파견해서 시

시각각 변하는 점포 표시가격을 휴대전화로 본사에 연락하도록 할 정도다.

그러나 중소기업의 경우, 사장이 경쟁사 분석을 하는 경우는 드물다. 경쟁사에 전화를 거는 것은 물론 방문하는 것조차도 귀찮아한다. 개중에는 그런 것을 두려워하는 경영자조차 있다.

그것이 어떤 이유에서인지, 솔직히 나는 이해하기가 어렵다. 예컨대 라면 가게를 경영하는 경영자라면, 가까운 경쟁사 가게에 손님으로 찾아가 맛을 비교해보기도 하고 접객 태도도 관찰할 것이다. 상점을 경영하는 사장이라면 다른 가게를 둘러보며 제품 구성이나 진열, 호객 태도나 가격 등을 체크할 것이다.

대형 전기메이커에서는 경쟁사에서 신상품을 출시하면 즉시 구매해서 제품을 분해해 그 구조를 해석한다. 이것을 '리버스 엔지니어링Reverse Engineering'이라고 하는데, 예부터 당연한 것으로 여겨지는 경쟁사 분석 방법이다. 소니의 창업자인 이부카 마사루가 리버스 엔지니어링을 중요시했다는 얘기는 잘 알려져 있다.

이처럼 경쟁사를 열심히 연구하는 것은 사장의 일이다. 경쟁사 분석을 하지 않는 것은 진심으로 회사를 운영할 마음이 없기 때문은 아닐까? 경쟁사에 전화를 거는 것도 그와 마찬가지다. 직접 방문해서 관찰하는 것과 마찬가지로 전화로 경쟁사의 상태를 확인하는 것도 경쟁자가 꼭 해야 할 작업이다.

전화하기를 꺼리는 사람은 고객 행세를 하는 것 자체를 두려워하는 듯한데, 경쟁사 식당에 식사하러 갔을 때를 생각해보자. 손님인 양 메뉴를 보고 주문을 하고 맛을 볼 것이 분명하다. 그것과 전혀 다를 게 없다. 만일 양심상 꺼림칙하다면, 상대 회사를 존중하는 의미로 실제로 상품을 구매하면 된다.

그렇게 서로를 관찰하고 배우고 자사에 응용하면서 업계는 발전해간다. 나라 전체도 발전하고, 소비자에게 더 좋은 상품을 제공하고, 서비스 품질도 향상된다. 이것이 시장 원리다. 경쟁사 분석은 작은 계기에 지나지 않는다. 그 작은 계기가 '더 벌고 싶다'는 자기만족을 기점으로 하면서도 세계와 사회 발전에 크게 공헌한다는 것을 알아야 한다.

경쟁사 분석을 할 수 있는 경영자와 하지 못하는 경영자는 정보량에서 결정적인 차이가 있다. 성공하는 경영자는 반드시 경쟁사를 분석하기 때문에 앞으로 더욱 발전하게 될 것이다.

경쟁사 분석이 가격 결정의 판단력을 낳는다

이제 경쟁사 분석의 필요성을 이해할 수 있겠는가? 경쟁사 분석이 없으면 전략적인 가격 결정은 불가능하다. 내가 경쟁사 분석에서 항상 주시하는 것은 가게 인테리어, 분위기, 접객 태도다.

NTT 대리점 사업 때도 마찬가지였다. 주로 경쟁사의 전화 응대 수준을 관찰했다. 실제로 전화를 걸어보면 '저 회사는 전화 응대를 이 정도로 하고 있으니 우리는 이렇게 해야 충분히 우위성을 차지할 수 있겠다'라는 판단을 내릴 수 있다. 그 축적으로 자사의 전화 응대의 목표 수준을 정하는 것이다.

또 상대방의 회사 규모를 알아내기 위해서 직접 방문한 적도 있다. 꼭 가게나 사무실 안에 들어가지 않더라도 우편함을 보면 어떤 회사인지 대강 알 수 있다. 이것은 이론이 아닌 과거의 방대한 경험의 축적으로 길러진 직관이다.

대개 우편함을 보면 회사의 규모와 업태를 알 수 있다. 가족 경영 형태인지 젊은이 중심의 회사인지, 아니면 보수적인 체질의 회사인지 알 수 있다. 그러면 그 회사가 어느 정도의 가격대로 공격해올 것인지를 읽을 수도 있다. 이렇게 통찰력을 가동할 필요가 있다.

NTT 대리점 사업을 할 때 실제로 여러 경쟁사를 방문한 바 있다. 대기업 외에는 거의 대부분이 상가에 있는 사무실을 하나 빌려 영업을 하거나, 부부가 단출하게 운영하거나, 노인이 전화 당번을 서고 있거나 했다. 대기업과 영세기업, 그야말로 극단적으로 양극화된 업계였다. 다시 말해, 어디까지나 '덤으로 파는 상품'으로 파는 대기업과 이익이 별로 없어도 망하지 않을 영세기업뿐이었다. 어느 쪽이든 ISDN 회선을 주력 상품으로 해서 억대 매출을 노리는 전략적 발상을 할 일은 우선 없을 거라는 판단이 섰다.

그들은 ISDN 회선의 판매로 회사를 키우겠다거나, 젊어서 은퇴하겠다거나 하는 생각이 없기 때문에 안이하게 가격을 내릴 것이 분명했다. 하지만 대기업이든 영세기업이든 ISDN 회선에 대해서는 싸게 팔아 이익이 줄어도 도산하지 않을 사업 모델이기 때문에 그런대로 만족하고 사업을 계속할 것이다. 나는 다음과 같이 결론을 내렸다.

'싼 가격대는 이런 회사들에게 맡기고 우리 회사는 한 단계 위의 고객층, 더 높은 서비스를 추구하는 고객층을 찾아가자.'

경쟁사를 찾아가 우편함을 들여다보는 행동이 든든한 버팀목이 되어 단기간에 억 단위의 큰 성과를 거두게 되었다.

지금까지 나의 실제 경험을 여러 가지 소개했다. 이 이야기를 통해 가격이란 거대한 경영 관리법 중 작은 부분일 뿐이라는 사실을 꼭 알았으면 한다.

적정한 가격 인상이나 최적 가격에 판매하는 것은 사업 성공을 위한 중대한 조건이지만, 그것을 실현하려면 여러 정보를 수집하고 사례를 통해 배우고 확실한 전략을 세워두어야 한다. 눈에 보이는 가격만 쫓을 것이 아니라, 가격 뒤에 감춰진 구조를 간파하는 통찰력을 키울 필요도 있다.

4장

가격 인상
프로세스 5단계:
가격을 정하는
데는 원칙이 있다

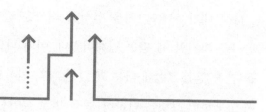

가격 인상은
고객을 위해 하는 것이다

'가격을 올리는 일은 나쁘다'라는 인식을 버려라

지금까지 나의 가격 인상의 역사를 보고 가격 인상에 대한 저항감을 버리게 된 독자도 많으리라 생각한다.

하지만 한편으로는 나의 사례는 특별한 경우라고 생각하는 사람, 특별하지는 않지만 자기에게는 아무래도 불가능한 일이라고 생각하는 사람, 혹은 고객에게 이 이상의 가격을 받는다는 것 자체에 저항감을 가진 사람도 있을 것이다. 그런 사람을 위해 내가 겪은 일을 소개하겠다.

사실 내가 처음 가격을 인상한 대상은 강사 수업료가 아니라 강사를 파견할 때 받는 입회비였다. 이때 나는 50%의 가격 인상을 감행했다. 그런데 나는 왜 그런 가격 인상을 결정했는가? 솔직히 고백하면 그것은 단순히 '돈을 벌고 싶어서'였다.

당초 2만 엔이었던 입회비를, 나는 한 사건을 계기로 3만 엔으로 올렸다. 1만 엔이라는 가격 인상에도 불구하고 신청 건수는 전혀 변함이 없었다. 그 가격 인상으로 얻은 효과는 매월 20만 엔 이상의 수익이 증가한 것이다. 그때 가격 인상을 하게 된 계기는, 어느 우수한 학생 영업사원이 실수로 돈을 더 받아왔던 일이다.

이때 나에게 욕심이 없었다면 "다음부터는 조심해!"라고 주의를 주고 끝났을 일이다. 하지만 당시는 창업한 지 얼마 되지도 않았을 때이고, 애당초 내가 사업을 시작한 이유는 돈벌이였다.

그때 '실수로 1만 엔이나 더 받아왔는데, 앞으로도 3만 엔으로 괜찮지 않겠어?'라는 생각에 입회비를 3만 엔으로 올렸던 것은, 다른 이유에서가 아닌 '돈을 벌고 싶다'는 내 욕심에서였다. 잠깐 변명을 하자면, 그때 나는 스물네 살이었고 욕심을 버리는 일은 쉽지 않았다.

하지만 사실 내 마음은 상당히 복잡했다. 우선 '돈을 벌었다'라는 생각이 있었다. 아무 비용도 들이지 않고 매월 20만 엔에서 30만 엔의 순이익을 얻었으니, 벌어도 아주 많이 벌었다. 아, 기쁘다! 그와 동시에 이런 생각도 들었다.

'서비스는 전혀 달라진 게 없는데, 돈만 많이 받아도 되는 걸까?'

꼭 내 마음속의 천사가 악마의 입을 틀어막고 속삭이는 것 같았다. 지금 생각해보면, 이때 천사의 목소리를 무시하고 돈 욕심만 채우려고 했다면 어쩌면 지금의 나는 없을지도 모른다.

1만 엔의 가격 인상이 전략 발상을 낳았다

입회비를 2만 엔에서 3만 엔으로 올렸을 때, 나는 이렇게 생각했다.

'3만 엔만큼의 값어치를 하려면 어떻게 해야 할까?'

바꿔 말하면 '어떻게 해야 3만 엔을 받고도 나 스스로 당당할 수 있을까?'라는 생각이었다.

입회비는 예전과 같이 2만 엔이고, 거기에 강사 선발비 명목으로 1만원을 추가하여 입회할 때 총 3만 엔을 받기로 했다. 이 결단은 그 후 일련의 가격 인상을 실현하는 계기가 되었고, 또 강사의 질을 향상시키고 매출과 이익을 높이는 성과를 거뒀다.

'강사 선발비 명목으로 1만 엔을 받은 이상, 지금까지 적당히 실시했던 강사의 선발을 보다 엄격하고 철저하게 하자. 그만한 값어치가 있는 강사를 파견할 수 있다면, 1만 엔을 더 받는다는

사실에 나 자신도 당당해질 수 있다.'

나는 신청을 받는 단계에서 미리 고객인 학생의 공부에 대한 고객카드를 만들도록 했다. 교과별 강점과 약점, 중간고사와 기말고사의 점수, 자신 없는 과목, 경우에 따라서는 장래 진로와 특별 활동 상황까지 상세하게 묻고 기록했다.

나중에 생각하니 그때까지 그런 것을 하지 않았다는 사실이 믿어지지 않았지만, 솔직히 나는 가격 인상을 하고 나서야 비로소 서비스 관리의 중요성을 깨달았다.

고객인 학생의 이야기를 충분히 듣고, 예컨대 수학이라면 '분수가 약하다'라는 내용을 기입한 고객카드를 만들었다. 그런 다음 강사를 선발할 때는 그 점을 고려해 선발하고, 복수의 후보자 중에서 적당한 사람을 뽑았다. 그리고 학생의 약한 부분을 후보 강사에게 말해 중점적으로 지도하도록 했다.

내가 말하고 싶은 바는 이렇다. 가격 인상을 나쁘게만 받아들여서는 안 된다. 사람들은 흔히 '돈벌이는 악'이라고 생각한다. 그것은 고액소득자가 상당히 높은 비율의 세금을 내고 있다는 사실로도 알 수 있다. 특히 싼 가격대로 판매하는 것에 익숙해진 경영자 중에는 '이렇게 비싸게 받아서 죄송합니다'라고 생각하는 사람도 있다.

하지만 정말 그럴까? 내가 강사 파견 사업에서 여러 번 가격 인상을 하고도 결과적으로 고객을 만족시켰듯이, 비싼 가격이라도 그에 알맞은 서비스를 제공한다면 고객은 더 많이 만족한다. 가격을 높여서 미안하다고 생각하는 것은 그야말로 불필요하다.

좀 심하게 말하면 '이렇게 비싸게 받아서 죄송합니다'라고 생각하는 경영자는 그에 맞는 서비스를 제공하려고 노력하지 않는 사람이다. 비싼 돈을 받는 만큼 더 좋은 서비스를 제공하겠다는 사고와 노력이 필요하다. 물질로 차별화할 수 없는 지금의 경제 사회에서는 그런 사고와 노력이 필수다.

가격 인상은 회사를 위한 것이기도 하지만 고객을 위한 것이기도 하다. '가격 인상은 악'이라는 생각이 잘못된 것임을 하루빨리 깨달아야 한다.

가격 인상 실현을 위한
5단계

당신 자신이 실제로 설정했던 가격을 잠깐 떠올려보길 바란다.
당신은 어떤 생각으로 그 가격을 결정했는가?

만일 '경쟁사의 가격이 얼마니까 우리는 이 정도로 정하자'라
거나 '이 제품의 원가가 얼마니까 이익을 붙여서 이 가격으로 정
한다' 하는 식으로 결정했다면, 그 가격을 지금 당장 의심해보라.

나아가 지금까지의 성공 사례에서 보았듯이 가능한 한 빨리 가
격 인상을 실행해야 한다. 그 결단만이 단번에 현금의 유입을 최
대화할 수 있기 때문이다. 그렇다고 전략 사고도 없이 막무가내
로 가격 인상만 한다면, 고객의 신뢰를 상실할 우려가 있다.

그렇다면 어떻게 해야 좋을까? 거기에는 비결과 포인트, 그리고 순서라는 것이 있다. 내가 과거에 실시해왔던 가격 인상의 대부분은 경험과 감으로 성공을 일궈냈다. 그랬던 만큼 성공 이전에 당연히 실패와 시행착오도 많았다.

이제 나의 성공 사례를 돌아보면서, 여러분이 시행착오와 실패를 경험하지 않고도 가격 인상 전략을 성공시킬 수 있는 5단계를 알아보고자 한다.

1단계: 고객의 입장이 되어 경쟁사에게 배워라

경쟁사의 서비스 수준을 파악한다

가격 인상 전략에서 경쟁사에게 배운다는 것은 빼놓을 수 없는 요소다.

반드시 필요하다. 경쟁사의 가격을 보고 우리 회사의 가격을 결정하기 때문이 아니다. 경쟁사의 가격도 물론 중요한 정보로 활용할 수 있지만, 경쟁사의 동향을 관찰하는 것은 그들의 서비스 레벨을 파악하기 위함이다. 여기서 말하는 서비스란 전화 응대, 접객, 인테리어, 분위기, 청결성, 발성, 포장, 속도감, 상품 품질 등 다양한 것을 포함한 말이다.

경쟁사의 정보가 왜 필요할까? 가격 인상을 성공시키고자 하는 정도, 즉 목표치를 파악하기 위해서다.

가격을 올렸을 경우, 고객은 당연히 그 가격에 맞는 서비스를 기대한다. 고객이 기대하는 서비스 레벨과 상품 품질에 미치지 못하면, 고객은 자신의 기대가 배신당했다고 생각하고 등을 돌리고 만다. 이것은 불만사항이 발생하는 원인이 된다. 자신이 제공하고 있는 상품이나 서비스가 어느 정도의 레벨인가를 알기 위해서는, 먼저 경쟁사의 상품이나 서비스를 알아야 한다. 그러고 나서 업계에서의 가격대별 서비스 수준을 파악한다.

내 사례를 말해보겠다. NTT 대리점 사업에서의 최대의 경쟁사는 다름 아닌 NTT 자체였다. 같은 상품을 전국에서 직판했기 때문에, 영업 현장에서 가장 자주 맞닥뜨리는 것이 NTT다. 그러니 1순위 관찰 대상은 당연히 NTT의 동향이었다.

당시 NTT의 ISDN 회선 신청은 전화로 가능했다. 하지만 ISDN 회선의 신청을 전화로 하게 되면, 대부분은 너나 할 것 없이 담당자에게 돌리겠다며 대기신호음만 들리기 일쑤였다. 보류도 많았다. 전화를 받는 담당자가 상품 지식과 신청 시 필요한 항목에 대해 충분히 파악하고 있지 않았기 때문이었다. 그 때문에 신청 절차가 끝난 후에도 다시 연락이 와서 "죄송합니다. 여쭤볼 것이 있어서……"라고 신청 내용에 대해 확인하는 경우도 허다했다. 나 자신이 NTT 대리점을 운영하면서도 실제로 NTT ISDN 회선을 신청함으로써 이런 모습을 관찰할 수 있었다.

그렇게 최대의 경쟁사인 NTT의 품질 수준을 파악할 수 있었다. 통신업체가 최종적으로 제공하는 '통화'라는 상품은 어디에 신청을 하나 똑같으므로, 관찰해야 하는 것은 상품이 아니라 그에 부속된 서비스 전반이어야 한다. 그렇게 나는 NTT의 서비스 수준을 파악하고 내가 지향해야 할 목표치를 정했다.

경쟁사의 동향을 살핀다

가격 인상 프로세스의 첫 단계는 경쟁사의 동향을 빈틈없이 관찰하는 것이다.

직접 방문을 하기도 하고 전화를 걸기도 하여 사내의 동향을 관찰하고 경쟁사가 가지고 있는 판매력이나 서비스를 알아냄으로써, 그에 지지 않을 판매 전략을 세울 수 있게 된다. 그와 동시에 경쟁사가 비교함으로써 우리 회사가 그 가격에 맞는 서비스를 제공할 수 있을지, 고객의 기대에 부응할 수 있는 상품을 제공할 수 있을지를 판단할 수 있게 된다.

방문이나 전화 외에도 경쟁사가 내는 구인 광고나 다이렉트메일DM(광고주가 선정한 목록을 바탕으로 특정 개인에게 직접 메시지를 전달하는 것), 혹은 업계지 등을 통해 경쟁사의 정보를 수집할 필요도 있다.

내가 특히 중시했던 것은 구인 광고다. 사원을 모집한다는 것은 사업을 확대하거나 결원을 보충한다는 얘기다. 그것은 사업이 활성화되고 있다는 증거이므로 '이 회사는 왜 잘 되는가?'를 생각할 힌트가 된다. 또 항상 사원 모집을 하는 회사는 사원의 업무 정착이 아주 나쁘거나, 아니면 항상 사업을 확대하거나 둘 중 하나라는 사실을 읽을 수 있다. 경쟁사의 구인 현황은 그 기업의 상태를 파악할 수 있는 중요한 정보다.

경쟁사의 동향을 관찰하는 가장 좋은 방법은 실제로 그 기업의 상품을 사보는 것이다. 자기가 고객이 돼보면 신청 과정을 한눈에 알 수 있고, 서비스도 직접 체험할 수 있다. 경쟁사의 전략이 그대로 보이기 시작한다.

경쟁사의 영업을 흔쾌히 받아들이는 것도 좋은 방법이다. 평소 타사의 영업을 상대하는 것은 귀찮은 일이지만, 오히려 다른 기업의 영업사원 방문이나 전화를 받아보면 의외로 힌트를 얻는 경우가 있다. 특히 경쟁사의 영업사원이 영업을 위해 방문하는 일도 많았는데, 그럴 때가 절호의 기회였다. 나도 공부하는 마음으로 그런 기회가 있을 때면 끝까지 신중하게 이야기를 듣도록 했다. 또 하나, 경쟁사의 동향을 파악한 후에 누구나 간단하게 할 수 있는 일이 있다. 그것은 전화를 걸어보는 일이다.

서로가 서로를 연구함으로써 업계는 발전한다. 선배로서의 경쟁사에게 힌트를 얻기 위해서는 실제로 방문해보고 전화를 걸어 보고 가르침을 얻는다는 겸허한 마음을 갖는 것이 중요하다.

2단계: 자신을 객관적으로 보고 부가가치를 창출하라

'고객은 왜 우리를 택했는가?'를 스스로에게 물어라

두 번째 단계는, 서비스를 보다 충실히 하고 상품과 회사 자체에 부가가치를 창출하는 일이다.

기본에 충실한 고객서비스와 부가가치의 창출에 대해서는 이미 많은 정보가 넘친다. 책을 통해서도 배울 수 있다. 하지만 그것에 능통한 경영자는 좀처럼 없다. 왜 그럴까?

전 단계에서 반드시 익혀야 할 것을 숙달하지 못한 경영자가 대부분이기 때문이다. 여기서는 그런 서비스나 부가가치를 창출하기 위해 필요한 작업의 전 단계에 대해 살펴보고자 한다.

서비스와 부가가치를 충실히 하기 위해 먼저 필요한 것은 자사의 입장, 고객의 평가를 객관적으로 아는 것이다. 평가에 일일이 신경 써서는 안 된다. 다만 평가를 파악해야 한다. 자신의 입장을 충분히 파악하지 않고, 얻은 지식과 정보만으로 아무리 열심히 부가가치를 높이려고 해도 현재 상황과의 갭이 존재하는 한 잘될

리가 없다. 무슨 일에서든 자기 키에 맞는 행동이 성공을 부르는 법이다.

하지만 자사의 입장을 객관적으로 인식한다는 것은 결코 쉬운 일이 아니다. 사람은 남의 일은 잘 알아도 자신의 일은 의외로 모르기 때문이다. 그것은 회사 경영에서도 마찬가지다. 자기 회사를 안다는 것은 상당히 어려운 일이다. 그렇긴 하지만 반드시 파악할 필요가 있는 이상 경쟁사의 동향을 살피는 것과 동시에 자기 회사에 대해서도 잘 알아두어야 할 것이다.

자사의 서비스와 제공하는 상품, 회사의 PR 포인트를 정확하게 분석해둘 필요가 있다. 상품의 USP^{Unique Selling Proposition}(타사에는 없는 차별화된 세일 포인트)는 무엇인가? 회사의 USP는 무엇인가? 사장 자신의 USP는 무엇인가? 이런 것들을 알 필요가 있다.

이때 아주 결정적인 방법이 있다. 그것은 자기 자신에게 효과적으로 질문하는 것이다.

'왜 고객은 우리를 택했는가? 왜 우리 상품을 신청했는가?'

이 질문에 답을 하다 보면 고객이 자사를 택한 이유, 자사 상품을 신청한 이유가 서서히 보이기 시작한다. 이것은 자사의 우위성과 장점을 자연스럽게 객관적으로 볼 수 있는 방법이다.

내가 이런 사고방식을 갖게 된 것은 강사 파견사업을 하던 무렵으로 거슬러 올라간다. '이 고객은 왜 우리에게 강사를 신청한 것일까?'라고 고객의 신청 동기를 생각해보았다. 고객의 동기를 생각한다는 것은 회사와 사업 전체를 통찰하는 것이기도 하다.

그러자 여러 가지 요소가 떠올랐다. 강사의 인격, 제공하는 프로그램, 방문 영업사원의 태도, 기대, 아니면 누구라도 좋으니 한 시라도 빨리 강사가 필요하다는 고객의 사정이 있을지도 모른다. 그런 것들을 여러 가지 생각해보고 고객의 신청 이유를 파악해보았다. 그리고 그 결과가 과감한 가격 인상을 실행할 수 있는 용기를 주었다.

고객의 신청 동기를 생각해보면 '싸니까 신청했다', '입회비가 무료라서 신청했다'라는 이유는 어디에도 없었다. 즉, 가격은 상품 구매의 동기 부여가 되지 않았다. 고객은 모두 서비스 레벨과 상품 품질에 중점을 두고 구매를 결정하고 있었다. 그러니 가격 인상을 해도 괜찮을 것이라는 자신감이 생겼던 것이다.

제3자야말로 최대의 공로자다

자기 입장을 객관적으로 알 수 있는 방법으로, 자신에게 질문하는 대신 사외 경영자로부터 배우는 방법도 있다. 왜 사외경영자인가? 자기 자신과 자사가 안고 있는 문제를 해결하기 위한 비약적인 힌트는, 실은 자신과 관계성이 희박한 곳에서 얻어지는 경우가 많기 때문이다.

이것은 스탠퍼드대학교의 마크 그라노베터가 1973년에 주장한 '약한 연결의 강점'이라는 개념이다. 나는 이처럼 관계성이 약하거나 희박한 인연에 대해 '위크 포지션', 역으로 강한 관계성으로 연결된 관계를 '파워 포지션'이라고 부른다. 통상 경영자는 문제해결 방법을 사내 사람이나 가족 혹은 동업자 등 파워 포지션에 위치한 사람에게 묻는다. 이것은 확실히 일상적이며 단기적인 문제해결에는 힘을 발휘한다. 개선은 가능하다는 이야기다. 하지만 더 비약적인 문제해결책이나 획기적인 돈벌이 방법의 힌트, 근본적으로 매출을 늘리기 위해서는 자신과 관계성이 약한 위크 포지션에 있는 사람들에게 힌트를 구할 필요가 있다. 이는 개선이 아닌 개혁의 영역이기 때문이다.

언뜻 보면 전혀 상관없는 타 업계라든가 사회 인사, 어쩌다 술집에서 옆자리에 앉은 사람 등 전혀 모르는 타인이 당신의 고민을 개혁 수준으로 해결할 힌트를 제공해줄 때가 많다. 아마추어가 생각지도 못한 아이디어를 생각해내는 것은 이런 이유다.

예를 들면, 나는 학생이 영업직으로 일하거나 영업과장으로서 관리직을 맡는 것은 당연하다고 생각했다. 비즈니스에 나이는 상관없다고 생각했기 때문이다. 그런데 어느 날 인쇄업을 경영하는 사장님이 "패스미디어가 대단한 것은 학생 중심, 아르바이트생

중심으로 운영된다는 점이다. 우리 회사는 도저히 흉내 낼 수 없다!"라고 말하는 것이 아닌가. 그분의 말을 듣고서야 나는 그것이 우리 회사의 강점이라는 사실을 처음 알았다.

사내 직원이나 동업자라면 그렇게 생각하지 않는다. 사내나 업계 내에서는 그렇게 특이한 것이 아니었기 때문이다. '학생이 중심이 되어 운영하는 강사 파견 센터'라는 것 자체가 자사의 강점이라는 것을 전혀 다른 업종의 사장님이 가르쳐준 셈이다.

그 후 그것을 전면에 내세워 영업 공세를 펼친 것은 두말할 나위 없고, 사내 연수나 면접과 채용 과정에서도 그 우위성과 타사와의 차이점을 강조함으로써 직원의 의욕 향상에도 많은 도움이 되었다.

또 한 가지, 내가 해왔던 사업들은 대부분 업종이 전혀 달랐다는 사실. 교육산업에서 오락업계, 그리고 통신사업에 외식사업, 게다가 시스템 개발까지. 항상 관련성이 없거나 약한 업종으로 갈아탔다. 경영의 노하우는 항상 타 업계의 것을 도입하여 성공을 거뒀다.

사업을 했던 모든 업종이 참신했기 때문에 오히려 단기간에 압도적인 실적을 올릴 수 있었던 것이 아닌가 생각한다. 타 업계에서 냉정하게 그 업계를 바라볼 수 있으므로, 자신의 포지션이나 경영 레벨을 과대평가도 과소평가도 하지 않고 객관적으로 파악할 수 있다. 이것이 가능했던 것은 새로운 사업에 대한 나의 입장이 항상 위크 포지션이었기 때문이다.

자사의 상황을 객관적으로 파악하는 것이 상품 품질과 서비스레벨을 높이고 부가가치를 창출하는 최소한의 조건이다. 여기에서 출발해 여러 가지 지혜와 아이디어를 더해간다. 그러기 위해서라도 먼저 자기의 현 상황을 알아야 한다.

현 상황을 모르는 상태에서는 무엇을 해도 현실과의 괴리가 커서, 하는 일마다 그림의 떡으로 끝나고 만다. 현실과 목표치의 차이가 너무 크기 때문에 한 단계 한 단계 오르는 것이 불가능하다. 그 차이를 메우지도 못하고, 아무리 훌륭한 아이디어나 시책도 실행하지 못한 채 프로젝트는 좌절되고 만다. 불만과 항의도 늘어갈 것이다. 그렇게 되면 가격 인상 전략도 실천할 수 없다.

우선은 자신의 현 상황을 파악하는 것이 가격 전략 프로젝트를 성공시키는 출발점이다.

3단계: 현장에 나가 고객의 목소리를 들어라

사장은 늘 현장에 있어야 한다

고객의 신청 동기를 알고 자사의 우위성을 알면, 그것은 서비스 향상과 부가가치 창출로 이어진다.

하지만 자기 자신에게 질문하고 고객의 동기를 통찰하는 것이 어려운 사람도 있을 것이다. 그럴 때는 일단 현장에 나가 부딪혀 보는 것이 상책이다. 현장에서는 고객의 목소리를 생생하게 들을 수 있기 때문이다.

기업의 경영자란 대개 감성이 풍부한 사람이다. 그런 소질이 있기에 시장이나 소비자의 요구를 다른 사람보다 민감하게 감지할 수 있다. 또 그렇기 때문에 사장이라는 특수한 사회적 역할을 담당할 수 있는 것이다. 그런 종류의 사람이 사장이라고 불리는 사람들이다.

내가 여기에서 말하는 현장주의란, 사장의 감성을 최대한 끌어낼 수 있는 환경을 만드는 전략이다. 그 감성을 끌어내는 환경이란 관리 부문도 아니고 경리 부문도 아니며 총무 부문도 아닌 영업의 현장을 말한다. 같은 현장을 접해도 다른 사람은 생각해내지 못하는 아이디어나 부가가치를, 감성이 풍부한 사장이라면 금방 생각해내고 기발한 아이디어가 번뜩이는 경우도 많다. 그렇기 때문에 더더욱 사장은 정기적으로 영업의 현장을 접하도록 하는 것이 중요하다.

나는 사장의 현장 접촉 빈도와 아이디어의 수는 비례한다고 생각한다. 그것은 신규 사업의 창출 수와도 비례하고, 또 가격 인상의 근원이 되는 힌트를 사장 자신이 발견해낼 수도 있다.

돈을 잘 버는 기업, 높은 가격으로 장사를 잘하는 사장은 반드시 현장을 중시한다. 현장을 정기적으로 방문한다. 사장이 가진 특수한 감성을 자극하는 행동을 하는 것이 가격 인상을 성공시키는 중요한 비결이기도 하다.

고객 설문 조사를 실시하자

사장이 현장을 접하는 것이 중요하기는 하지만 시간적 한계가 있을 수도 있다.

또 현장을 접하는 것 이상으로 깊이 있게 고객의 목소리를 듣고 싶다는 경우도 있다. 그럴 때 아주 유효한 방법이 바로 설문 조사다. 고객을 대상으로 설문 조사를 하면 보다 깊은 시장의 소리를 들을 수 있다. "앞으로 참고하려고 그러는데, 이번에 우리에게 신청한 이유를 말씀해줄 수 있을까요?"라고 솔직하게 물어보아도 좋을 것이다.

내가 실제로 실시했던 설문 조사의 매뉴얼을 소개하겠다. 전화로 묻는 방법이다. 당시의 매뉴얼을 그대로 옮긴다.

"패스미디어의 ○○입니다. 이번에 저희에게 △△신청을 해주셔서 진심으로 감사드립니다. 어제 상품을 배달해드렸는데 잘 받아보셨는지요? ('문제 없이 사용하고 계십니까?', '특별히 불편한 것은 없습니까?' 등 상황에 따라 변형) 감사합니다. 확인 차원에서 전화를 드렸습니다. 참, 마지막으로, 저희가 서비스 레벨 향상을 위해서 간단하게 두세 가지 여쭤볼 것이 있는데, 대답해주실 수 있을까요? 네, 감사합니다. 그럼……."

이렇게까지 말하는데 '싫습니다'라고 말할 사람은 없을 것이다. 대부분의 고객은 협력해준다. 이 전화를 사내에서는 '감사 전화'라고 불렀다. 상품을 납품하고 모든 수주 프로세스가 완료되었을 때 실시하는 감사의 마음을 전하는 전화다. 처음에는 감사를 전하는 목적이었는데, '이왕 하는 건데 몇 마디 더 고객의 목소리를 듣는 것이 어떻겠느냐'는 아르바이트 학생의 아이디어로, 한 통의 감사전화로 설문 조사까지 실시하게 된 것이다.

구체적인 설문 내용은 예를 들면 이렇다.

"수많은 NTT 대리점 중에서(같은 상품을 판매하는 가게들 중에서) 저희 가게에 신청하신 이유는 무엇입니까?"

"담당자의 대응이나 접객 태도에 불만은 없으셨습니까? 만일 있었다면 무엇이었는지 말씀해주시겠습니까?"

"만일 이 점을 개선하면 더 좋아지겠다고 생각하신 것이 있다면, 꼭 말씀해주십시오."

물론 다른 질문 내용이나 질문 방식도 있을 것이다. 당신도 당신 회사에 맞춰 꼭 응용해보길 바란다.

이 설문 조사 결과, '그러면 그렇지!'라고 무릎을 치게 하는 것이 있었다. 신청 이유의 대부분이 '정중한 전화 응대'였다는 것이다. 역시 고객은 결국 안심감을 추구하고 있었던 것이다.

다음으로 많았던 것은 '바로 가능하니까' 즉, 속도다. '가격이 비싸다'는 불만은 우선 없었다. 좀 더 싸게 했으면 좋겠다는 의견도 거의 없었다.

적어도 우리 회사로 들어온 신청에서 가격은 동기에 영향을 미치지 않았다. 싸다는 이유로 신청을 한 사람은 없었다. 그러므로 가격 인하를 해도 신청 건수가 증가하거나 입소문이 나거나 하는 일은 없을 것이다. 그 점을 정확하게 파악할 수 있었기 때문에 가격 인하를 하지 않고 당당하게 고가격 전략을 고수할 수 있었다.

또한 앞으로 우리 회사가 취해야 할 전략이 품질 향상과 직원 교육에 있다는 것도 알게 되었다. 그러니 당연히 부가가치를 고려하게 되고 직원 교육과 연수에 더 힘쓰게 되었다. 가격을 내린다는 발상이 아니라, 더 열심히 서비스를 향상하고 부가가치를 창출하는 데 힘쓰게 된다. 그러기 위해서 나는 당시 데리고 있던 전 직원, 아르바이트와 파트타임, 파견사원까지 포함해서 매달 한 번씩 NTT사용자협회가 주최하는 전화응대연구소에 참가시켰다. 물론 비용 전액을 회사가 부담했다. 어떤 때는 오사카까지 내려가서, 어느 대기업 소프트메이커가 주최하는 전화 응대 연수에도 참가했다. 물론 나도 마찬가지다.

이런 노력이 있었기에 그에 맞는 금액을 고객에게 당당하게 제시할 수 있었다. 가격을 올려도 두려울 게 없다. '우리 회사는 이만큼 노력하고 있다. 그러니 이 가격을 받아 마땅하다!'라고 말할 수 있다.

하지만 노력이 부족한 회사는 그런 말을 감히 입에 담지 못한다. 항상 가격 인상을 두려워한다. 두려움에 떨고 자신감이 떨어지면 직원에게도 전염되어 사기 저하의 원인이 된다. 그뿐 아니라 고객에게도 불신을 심어주게 된다. 이 사소한 차이가 가격 인상 전략의 성패를 크게 좌우한다.

고객의 구매 동기를 파악함으로써 신청하게 된 진짜 이유를 알 수 있다. 누구나 전화 한 통으로 할 수 있는 일이다. 당신도 즉시 시도해보는 것이 어떤가? 그로써 자사의 우위성과 특징을 알게 되고 객관적인 평가가 가능해진다. 그리고 서비스 충실과 부가가치 창출의 출발점이 될 것이다.

아마추어에 가까운 직원에게 묻는다

설문 조사와 함께 사장인 당신이 즉시 실천할 수 있는 것으로 '직원에게 물어보기'도 있다.

중소기업의 대부분은 사장이 강력한 리더십으로 회사를 인솔하기 때문에, 직원의 이야기를 주의 깊게 듣는 사장은 그다지 많지 않다.

하지만 어차피 사장 혼자서 생각할 수 있는 것에는 한계가 있다. 타인의 의견을 듣는 것은 중소기업에서는 대기업 이상으로 중요하다. 그때의 핵심은 '아마추어에 더 가까운 직원에게 묻는다'이다. 아마추어에 가까운 편이 고객의 입장에 가깝기 때문에 귀중한 의견을 들을 수 있다. '아마추어에 가까운 직원'이란 신입사원 혹은 아르바이트나 파트타임의 직원이다. 그들은 회사의 상품이나 서비스 그리고 회사 자체를 사원이나 사장과는 다른 시점에서 볼 수 있기 때문이다.

내 경험으로는 아르바이트 고등학생이나 대학생의 의견이 아주 많이 참고가 되었다. 그들은 아마추어이면서 학교 친구나 선후배 그리고 부모님으로부터, 사장인 나로서는 알 수 없는 여러 가지 귀중한 정보를 듣고 있다. 고객의 마음이나 표면에 드러나지 않는 경쟁사의 평판과 정보를 가지고 있기도 하다. 그것들이 도움이 된 적도 많다. 아마추어에 가까운 직원일수록 평소에 구할 수 없는 귀중한 정보를 가지고 있다.

왕년의 야구 스타였으며 감독으로서 통산 1,773승의 기록을 자랑하는 고故 츠루오카 히토리는 "그라운드에 동전이 떨어져 있다"라고 말했다는데, 비즈니스에서도 마찬가지다. 돈은 현장에 떨어져 있다.

4단계: 조직의 의사통일을 도모할 수 있는 구조를 만들어라

반발이 있을 때 비로소 획기적인 아이디어가 태어난다

네 번째 단계는 조직력, 즉 조직의 의사 통일이다. 이는 말하기는 쉽지만 실천하기는 상당히 어렵다. 3단계까지는 성공한 사람이 꽤 있는데 4단계에서 막히는 사람이 많다.

예를 들어, 가격 인상을 성공시키기 위해서는 여러 가지 구조나 서비스나 사내 체제를 바꾸어야 하는 경우가 대부분인데, 진두지휘할 책임자를 결정한 순간부터 조직 안에 알력이 생기는 일은 흔히 있는 일이다. 이런 조직 내의 알력 때문에 힘들게 마련한 전략이 제대로 기능하지 못하는 경우도 종종 있다. 3단계까지 오면서 생각해온 아이디어를 마침내 실천할 수 있는 순간을 맞이했는데, 그 실행력에 큰 문제가 발생하고 마는 것이다.

조직에서 새로운 정책이나 제도를 실행하면 반드시 구성원들의 반발이 있게 마련이다. 조직과 구성원들에게 긍정적인 결과를 가져다줄 것이 분명한 경우에도 그렇다. 인간은 평소와 다른 대우를 받으면 본능적으로 반발하게 되어 있다. 습관을 바꾸는 것을 싫어하는 동물이기 때문이다. 그러므로 그런 반발이 있을 것을 전제로 '조직의 의사통일을 이룰 수 있는 구조를 어떻게 구축할 것인가'가 포인트다.

그 비결은 3단계까지의 과정에 4단계 조직 관리를 동시에 고려하면서 프로젝트를 진행하는 것이다. 그것이 조직력을 최대한으로 발휘하는 비결이다.

가격 인상을 실행하기 위한 준비 단계에서 '어떤 일을 누구에게 맡길 것인가?', '누구를 어떤 부서로 옮길 것인가?', '이 일은 저 사람에게 맡기자', '이런 교육연수가 필요하다' 등 새로운 조직 만들기와 조직 관리를 항상 염두에 두면서 프로젝트를 진행하는 것이 포인트다.

관리는 오랜 시간을 두고 구상하다 보면, 조직 내에서 발생하게 될 반발을 어느 정도 예상할 수가 있다. 그러면 반발 세력에 대해 설명과 설득을 위한 지혜도 자연히 생기게 된다. 또 사전 교섭도 가능하고 그 시간적 여유도 충분히 가질 수 있다.

반면에 실패하는 관리는, 갑자기 인사 변동을 한다거나 조직 변경, 체제 변경을 실시할 경우에 발생하기 쉽다. 이 경우 시간 여유가 없는 상태에서 전후 사정이나 취지와 목적 등의 설명을 해야 하므로, 모든 것이 임기응변식이 되고 만다. 카리스마가 넘치는 경영자라면 그것도 가능하겠지만, 사람들의 가치관이 다양해진 이 시대에 카리스마만으로 구성원들을 인솔한다는 것은 너무 어려운 작업이다. 강제로 밀어붙이려고 해도 구성원들은 용납하지 않는다. 의욕도 떨어진다. 그래서야 성공할 리가 없다.

프로젝트의 초기 단계부터 관리 구상을 고려하자. 이것이 하찮은 반발을 미리 방지하는 방법이기도 하다.

반발자를 내 편으로 만드는 비결

아무리 그래도 반발자는 꼭 나오게 되어 있다. 마이너스 사고를 가진 사람도 많을 것이다. 그런 사람들의 반응은 이렇다.

"그렇게 비싼 가격에 팔릴 리 없다."

"고객을 설득할 자신이 없다."

"사장은 돈 벌 생각밖에 없는 것인가?"

"경쟁사에 점점 밀리고 말 것이다."

"가격을 인상하면 당연히 영업 목표를 달성할 수 없다. 좋은 변명거리가 생겨서 다행이다."

가격 인상이란, 말하자면 사내 개혁을 촉구하는 일이기도 하다. 구태의연한 오래된 체질을 단번에 부숴버리기도 한다. 가격 인상은 회사의 개선이 아니라 개혁이다. 그러므로 다른 프로젝트 이상의 반발을 불러일으키는 경우가 많다. 많은 사장이 가격 인상을 실행하지 못하는 것은 이 개혁이 수반하는 반발을 두려워하기 때문이다. 하지만 이럴 때일수록 오히려 '반발이 있을 때 비로소 좋은 방향으로 흐를 수 있다'라고 생각해야 한다.

사장인 당신에게 반발하는 직원은 분명 귀찮은 존재일 수 있다. 제발 퇴사해주기를 바랄지도 모른다. 나도 그랬으니까.

하지만 잠깐 생각을 정리해보자. 그런 반발하는 직원을 내 편으로 만들 수 있다면 어떨까? 그것처럼 유리한 일이 또 있을까?

강경하게 반대하는 사람일수록 잘 나가는 영업사원이거나 우수한 직원인 경우가 많다. 그들을 적으로 돌리고 끝내버릴 것인가? 아니면 내 편으로 만들어 가격 인상 프로젝트를 성공시킬 것인가? 여기에 회사의 미래가 달렸다. 그런 만큼 반발하는 직원을 내 편으로 만드는 것이 사장인 당신의 사명인 것이다.

그 방법으로 내가 항상 생각했던 것은 동기 부여였다. 그들에게 의욕만 심어주면 승리는 나의 것이다. 새로운 프로젝트를 위해 의욕을 불태우도록 동기를 만들어주는 것이다.

이때 실패하기 쉬운 것이 급료다. 급료를 인상하거나 수당을 올려주거나 보너스를 더 주거나 하는 것으로 동기부여에 성공했다고 생각하는 사장이 있는데, 그런 방법으로는 결국 실패하게 된다. 급여 면에서의 대우 개선은 차선책일 뿐이다. 우선은 본인의 의욕, 일할 동기, 자존심을 자극하는 동기부여. 이것이 중요하다. 한 프로젝트를 진행하면서 그 사람 나름의 보람을 찾아 의식할 수 있도록 해준다.

회사가 안고 있는 문제점과 위기에 직면한 상황을 솔직하게 말하고, 그런 다음 목표나 장래의 지향할 방향을 찾아낸다. 그들에게 '문제 해결에는 당신이 적임자다'라고 당신의 생각을 솔직하게 말한다. 그렇게 직원의 의욕을 북돋는 것이 사장의 역할이다.

이렇게 말하는 나조차도 좀처럼 안 되는 것이, 이런 동기 부여를 비롯한 관리 분야의 일이다. 아직도 "그러면 그만둬!"라고 순간 생각 없이 말해버리고는 한다. 부끄러운 일이다. 이런 관리 분야는 경영자의 영원한 숙제인 것 같다. 매뉴얼이 있을 수 없다. 인간이라는 감정을 가진 동물을 대하는 분야이기 때문이다. 이론을 앞세워 설명할 수도 없다. 만에 하나 가능하다고 해도 그것은 점치는 것 같은 짓일 뿐이다.

중요한 것은, 실패를 두려워하지 말고 항상 긍정적으로 노력하는 자세, 그리고 실패를 거듭하면서 배운 행동력이다. 그렇게 경험을 쌓아가는 것이 성공의 비결이라고 생각한다. 급여 등의 제도는 어디까지나 그것을 보좌하는 보조 바퀴일 뿐이다.

유능한 반발자 vs 무능한 방관자

대개 반발하는 구성원들은 의욕이 있다. 그들의 대화를 들어보면 알 수 있다. 퇴근 후 술자리에서 나누는 대화는 이렇다.

"나라면 그런 바보 같은 짓은 안 해. 나 같으면 이렇게 한다. 그러는 편이 잘 될 게 뻔하니까, 안 그래? 그게 회사도 돈 벌고 우리

급여도 올라가는 길이잖아? 아무튼 우리 사장하고 부장은 바보라
니까!"

핵심은 '나라면 이렇게 하겠다'라는 비전을 내세우고 있다는
것이다. 이것이 '유능한 반발자'의 특징이다. 이런 인재는 이미 술
자리 연설 단계에서 여러 명의 찬동자를 얻는다. 리더십도 있어
서 부하의 인망이나 신뢰도 두터운 인재다. 이런 사람은 독립을
해도 성공할 수 있는 사람이다.

하지만 이때 '나라면 이렇게 하겠다'라는 비전 제안이 없는 사
람은 '무능한 방관자'일 뿐이다. 불만만 말하고 뒤로 꽁지를 빼는
사람. 무슨 일을 맡겨도 기대만큼 해내는 경우가 드물다. 이것이
유능한 반발자와 무능한 방관자를 구분하는 포인트다.

반면, 애당초 의욕이 없는 사람은 새로운 프로젝트가 진행되고
있어도 방관만 한다. 상사의 말만 조용히 듣고 있다가 이렇다 할
의견도 없이 순종적으로 상사의 말을 따른다. 그리고 이런 사람
은 회사 밖에서 이런 말을 한다.

"어디 좋은 일자리 없을까?"

대개는 전직을 생각하고 있다. 그러면서도 실제로는 한 발짝도
움직이지 못한다. 그런 사람이니 사내에서도 적극적인 행동력을
요하는 새로운 프로젝트에서는 시키는 대로 따라하는 것조차도
벅찬 일이다.

이런 술자리 대화까지 캐내고 연구하면서 조직을 관리하는 자세가, 조직력으로 가격 인상을 성공시키는 비결이 된다.

요즘 젊은이들은 퇴근 후 집에 돌아가면 대개 컴퓨터로 메일을 보내거나 휴대전화로 문자를 보내거나 통화를 하거나 하는 경우가 많은데, 그에 비하면 술집에서 일이나 회사에 대한 불만을 열심히 토로하는 사람이 당신의 오른팔이 되어줄 가능성이 높다.

관리를 잘하느냐 못하느냐는 회사에 아주 큰 영향을 미친다. 관리를 잘하면 회사는 성공하게 되고, 무엇보다 사장이 편해진다. 또 반발하던 사람이 회사의 2인자가 될 가능성이 높다. 그런 인재는 자기 나름의 가치관과 의견을 항상 가지고 있기 때문에, 사장의 추종으로만 끝나지 않는다. 그것만큼 고마운 일도 없다. 실제로 성공한 공동경영자의 대부분은 그런 관계로 이뤄져 있다. 최고경영자 층이 주종의 관계라면 기업은 결코 성공할 수 없다.

사장이 실시하는 관리의 본질은 직원의 잠재능력을 끌어내는 데 있는데, 핵심은 그 계기를 만들어주는 것이다. 반발하는 직원의 능력과 의욕을 발휘할 수 있는 환경이나 계기를 제공해준다. 동기를 부여한다. 조직력을 발휘함에 있어서 이 비결을 아는 것과 모르는 것은 하늘과 땅 차이이다.

반발하던 인재가 납득하고 따르게 되면, 그가 속해 있던 그룹이나 부서 직원 전원이 따르게 되어 있다. 원래부터 프로젝트 자체에 찬성하던 그룹과 그렇지 않던 그룹이 하나로 합체된다. 플러스 면과 마이너스 면 모두를 파악하고 있는 강한 조직이 완성되는 길이다. 이렇게 진화하면서 성장해가는 조직이 강한 회사를 만든다.

찰스 다윈은 『종의 기원』에서 적자생존에 대해 이렇게 말했다. "가장 강한 종, 가장 수가 많은 종이 살아남는 것이 아니라 환경에 가장 잘 적응한 종이 대대로 살아남는다."

변화하지 않는 사람은 성장하지 못하고 결국 살아남지 못한다. 이것은 조직에서도 마찬가지다. 구세대와 신세대, 오랜 습관과 새로운 습관, 순종적인 인재와 혁신적인 인재들이 섞여서 항상 새롭게 변화해가는 조직은 환경적응 능력이 높아지고 나날이 강한 조직으로 발전하게 된다.

비즈니스 환경의 변화가 극심한 현대 사회에서, 기업이 살아남을 수 있는 비결은 변화하는 힘이 아닐까? 늘 새로운 변화를 추구하고 그 힘을 갖춘 조직이라면, 당연히 가격 인상 프로젝트에도 유연하게 대응할 수 있을 것이다.

5단계: 결정했으면 당장 실행한다

행동하지 않으면 의미가 없다

마지막 단계에서 절대적으로 필요한 것은 실행력이다.

세상에서 틀림없는 사실 하나는, 성공한 사람은 반드시 실행한다는 것이다. 아무리 4단계까지 잘해왔다고 해도 행동하지 않으면 아무런 의미가 없다.

그러나 안타깝게도 즉시 실행에 옮기지 못하는 경영자가 의외로 많다. '내일부터' 하면 이미 늦다. 지금 할 수 있는 것은 지금 당장 이 자리에서 한다. 특히 사장이 직접 움직이는 것이 무엇보다 중요하다. 지금 당장 담당자와 이 책에 대해 의견을 나눈다. 미팅의 기회를 만들기 위해 전화를 한다. 지금 한순간의 행동이 미래를 결정하는 것이다.

또 한 가지 실행력에서 절대 잊어서는 안 될 것은 실적이 저조한 영업사원, 뒤처진 사원, 완전 아마추어인 아르바이트생에게 프로젝트를 맡겨보는 것이다. 현실적으로 일 잘하는 유능한 인재일수록 항상 바쁘게 마련이고, 다른 중요한 프로젝트를 담당하고 있어서 도저히 맡길 수 없는 경우가 있다. 그런 이유로 차일피일 뒤로 미뤄버리는 사장이 얼마나 많은가? 그럴듯한 변명거리를 찾았다고 생각할지 모르겠다.

사장인 당신의 관리 능력이 모자란 탓이다. 게다가 설령 유능한 영업사원에게 맡긴다고 해도, 다른 영업사원은 '그 사람이라면 잘하는 게 당연해!'라고 생각하고, '어차피 내가 할 일이 아니다'고 남의 일처럼 생각해버릴지도 모른다. 그렇게 되면 사내에는 의욕이 없는 사람들만 늘어나고, 조직 전체의 실행력이 약해진다. 결국 사장과 일부 직원만을 위해 존재하는 회사가 되고 마는 것이다.

하지만 실력이 좀 뒤떨어진 직원에게 일을 맡겨서 그가 성과를 거둔다면 그것은 의미가 달라진다. 조직에 미치는 충격 효과가 크다. 의외성이 크기 때문이다. 그것은 타성에 젖어 있던 조직에 자극을 준다. '저 사람이 할 수 있는 일이라면, 나도 할 수 있다!'라는 자신감과 '저 사람한테 질 수는 없지!'라는 의욕도 생겨, 자연적으로 직원 전원이 생동감 넘치게 일하게 된다.

사장인 당신은 능력이 조금 뒤떨어진 직원이 성과를 거둘 수 있도록 소리 없이 지원해준다. 당신이 나서서 이래라저래라 명령해서는 안 된다. 그러면서도 경영자로서 책임감 있게 그들을 이끌어주어야 한다. 그것이 당신의 일이다. '공로는 부하에게, 책임은 사장에게'라는 정신을 기억하라.

경영자 자신이 솔선해서 행동함과 동시에, 실력이 뒤떨어진 직원이나 말단의 아르바이트생에게 책임 있는 역할을 맡겨보는 것.

그래서 성공하면 그들에게도 자신감이 생겨 이전과는 달리 의욕적으로 열심히 일하게 된다. 그렇게 해서 조직 전체가 실행력이 넘치는 조직으로 거듭나는 것이다.

지금까지 말한 5단계를 실행할 수 있다면, 당신은 반드시 가격 인상을 성공시킬 수 있다. 그뿐만 아니라 가격 인상을 실현하는 과정에서 당신 회사는 전략 사고를 토대로 한 힘과 조직력을 갖추게 될 것이다.

하지만 아직 한 가지 큰 문제가 남아 있다. '과연 얼마로 가격을 설정해야 좋을까?' 하는 문제다. 다음 장에서는 드디어 획기적인 가격 결정법을 소개할 것이다. 이 노하우로 당신은 고객감정에 맞는 최적의 가격을 알게 되고, 이익을 최대화할 가격이자 순식간에 고객을 사로잡을 가격을 알게 될 것이다.

5장

감정가격 결정법 7단계: 고객은 답을 알고 있다

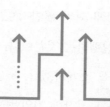

지금 이 가격이
정말 적당한가

시장이 양극화되는 시대에는
먼저 행동하는 사람이 승리한다

앞으로는 어떤 업종에서든 시장이 완전히 양극화될 것이다.

양극화란 달리 말하면 가격을 올리든 내리든 어느 한쪽을 실행하면 고객이 몰려든다는 것이다. 하지만 중소기업의 경우, 가격 인하에 따른 효과는 제한적이다. 더구나 장기적인 시점으로 보면 가격 인하로 브랜드력을 구축하기란 불가능하고, 가격 인하 효과가 장기간 지속되는 것은 더욱 어렵다. 오히려 마이너스 효과가 더 크게 날 것이다. 그렇게 되면 필연적으로 중소기업에게 남은 길은 가격 인상 전략을 실행하는 것뿐이다.

이쯤에서 중요한 사실을 소개하겠다. 확실한 가격 전략을 실행하고 최적가격으로 판매를 시작한 기업에 어떤 변화가 일어나는가 하는 것인데, 다음 두 가지가 바로 그것이다.

① 가격을 인상했을 경우, 고객이 감소하는 일 없이 한순간에 손에 남는 현금을 최대화할 수 있다.

② 가격을 인하했을 경우, 적당한 가격이라는 이미지가 생겨 순식간에 고객 수를 증가시킬 수 있다(다만, 칼럼에서 얘기할 '가격 인하 전략의 함정'에 주의해야 한다).

요컨대, 가격변경으로 좋은 일은 있어도 나쁜 일은 일어나지 않는다는 것. 가장 바람직하지 않은 것이 같은 가격에 정체되어 있는 것이다. 즉, 성공을 위한 열쇠는 적절한 가격 결정을 실시하는 데 있다. 구체적으로 말하면 다음과 같다.

① 타사에 고객을 빼앗기는 일 없이, 가격 인상이 가능한 높은 가격의 상한가(프리미엄 상한가격)

② 적당한 가격이라는 이미지를 연출하여, 단번에 타사로부터 고객을

이런 것들을 아는 것이 가격 전략을 성공시킬 수 있는 비결이다. 그렇다면 어떻게 적절한 가격을 결정하면 좋을까?

대부분의 회사가 적절한 가격 결정을 못 하는 것은 가격 설정 방법을 모르기 때문이다. 고객을 빼앗기지 않을 프리미엄 상한가격은 얼마인지, 고객을 순식간에 획득할 수 있는 가치 하한가격은 얼마인지를 판단하는 자료가 중소기업에는 없다. 대기업이라면 인원과 비용을 투자해서 가격 조사를 실시할 수 있지만, 우리 중소기업에게는 아무래도 그럴 여유가 없다.

게다가 가격 변경이라는 것은 상당한 충격을 가져오기 때문에, 한번 변경한 것을 반복적으로 바꾸는 것은 결코 쉬운 일이 아니다. 그러므로 무서워서 쉬 손을 댈 수가 없다. 사장의 본심은 의외로 이런 곳에 있다.

이 말은 무엇을 뜻할까? 당신뿐만 아니라 경쟁사도 쉬 움직일 수 없다는 말이다. 그렇다면 먼저 행동하는 사람이 이기는 싸움이라는 말도 된다. 거기다 적절한 가격 결정 방법까지 알고 있다면, 그것만으로도 압도적인 경쟁력을 갖게 된다. 이것이 가격 전략을 알고 있는 기업이 살아남는 이유다.

가격 인하 전략의 함정

가격을 내려도 좋은 경우가 있다. 확실히 성장기 전반에 있는 상품이거나, 앞으로 보급될 상품이나 업계의 선행기업으로서 도입기에 있거나, 보급기에 들어서는 상품의 대량공급에 따른 자연현상적인 가격 인하의 경우는, 가격을 내리지 않으면 경쟁사에게 지고 만다.

가격 인하 전략에 성공하기 위해서는 다음 사항을 동시에 병행하지 않으면 안 된다.

메인 상품의 가격 인하와 함께 기업 브랜드를 구축할 만한 한 단계 위의 상품을 동시에 발매하여, 보급가격으로는 만족하지 않는 고객층을 포섭한다.

또 가격 인하로 인해 증가한 고객에 대해 다른 고수익 상품도 함께 PR하는 '고객 포섭 전략'을 실시하지 않으면 언제까지나 싼 상품만 공급하게 되고 결국 저수익성 상품에만 의존하는 경영으로 기울고 만다. 지금까지 살펴봤던 사례를 보더라도, 그런 편중된 경영 방침으로는 앞으로 살아남기 어려워질 것이 명백하다.

가격을 인하할 경우에는 자사와 상품의 라이프 사이클을 파

악하고, 가격 인하와 동시에 한 단계 위인 고가격대의 상품을
함께 발매한다. 그리고 고객의 포섭 전략을 동시에 펼치지 않
으면 안 된다. 물론 무엇보다 필요한 것은 사장인 당신의 각
오다.

이익을 최대화하는 감정가격 결정법

기업 경영에서 이익을 최대화하는 가격 결정법이 얼마나 중요한
가는 당신도 이미 잘 알고 있을 것이다.

하지만 '얼마로 정해야 할까?', '지금의 가격을 얼마로 올리면
좋을까?' 하는 점에 대해서는 아직 잘 모르지 않을까 생각한다.

지금까지 한 이야기들에도 '얼마로 정해야 하는가?'라는 가격
전략의 구체적 이론은 들어 있지 않다. 아무래도 구체적인 가격
결정 방법만큼은 이론보다 경영자의 감과 경험이 미칠 영향력이
크다고 보기 때문이다.

내가 실천해왔던 가격 결정의 사례를 보더라도, 확고한 이론이
나 계산법에 입각해서 결정한 가격은 없다. 오히려 경험이 주축
이 되었다고 해야 옳을 것이다. 하지만 그것만으로는 얼마에 가
격을 정해야 좋을지 알 수 없다. 가격에 관한 책은 이 책 외에도

많지만, 이익을 최대화하는 가격 결정의 구체적 방법까지 다루는 책은 없지 않을까?

그래서 누구나 적절한 상품 가격을 구체적으로 마스터할 수 있는 가격 조사 방법을 여기에 소개하고자 한다. 이 방법은 누구나 할 수 있는 간단한 방법이지만 효과는 강력하다. 이 방법을 알게 된 후, 나 자신도 가격 전략을 실행하는 데이터로 최대한 활용했고 또 큰 성과를 거뒀다.

이제부터 설명할 가격 조사방법은 '감정가격 결정법Emotional Pricing'이라고 부르는 방법이다. 이것은 저자들이 최초로 개발한 노하우는 아니다. '비즈니스계의 아인슈타인'이라고도 불리는 미국의 컨설턴트 마틴 쉐날드가 개발했다. 마틴 쉐날드는 책을 쓴 적은 없지만, 컨설턴트로서 과거 15년간 2,000억 엔 이상의 수입을 올린 경이로운 인물이다.

가격 결정이 갖는 중요성과, 내가 과거에 실천해왔던 가격 인상 전략을 보다 많은 사람에게 알리고 가격 전략을 성공시키기 위해서는, 솔직히 말해 이 노하우 없이는 불가능하다. 이제부터 소개하는 내용을 확실히 이해하기 바란다.

감정가격 결정법으로 알 수 있는 것

'감정가격 결정법'이라는 가격 조사는 도대체 어떤 노하우를 말하는가?

이 조사에서 실시하는 것은 사실 표 5-3의 설문 조사를 40명의 예상고객에게 기입하도록 하는 것뿐이다. 이것 한 장으로 다음의 세 가지를 알 수 있다.

① 이익을 최대화하는 프리미엄 상한가격

② 고객을 순식간에 획득할 수 있는 가치 하한가격

③ 몇 명의 고객이 이 상품을 구매할지 보여주는 구매비율의 예측

이 방법은 상당히 효율적이며 정확도가 아주 높다. 조사 결과와 실제 운용 결과를 비교해보면, 어느 출판사의 사례에서는 구매율에 1%의 오차도 없었다고 할 정도다. 이 정도의 조사 결과를 얻으려면 대량의 데이터가 필요할 것이므로, 수십만 엔에서 수백만 엔의 비용이 들 것이다. 하지만 그보다 더 효과적인 가격 조사를 컴퓨터 한 대로, 혹은 연필 한 자루로 할 수 있다!

어떻게 그런 일이 가능할까?

그것은 이 가격 조사를 통해 가격에 대한 고객의 미묘한 감정

을 알 수 있기 때문이다. 도저히 믿을 수 없다는 사람이 있대도 무리는 아니다. 하지만 '감정가격 결정법'이라고 불리는 이 가격 결정법으로 공짜라고 생각했던 서비스에서 몇십만 엔의 고수익을 얻은 사람이 실제로 존재한다. 신상품이나 신규사업에서 대성공을 거둔 사람도 존재한다.

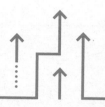

가격 결정에 이르는
7단계 프로세스

이 가격 조사법으로 고객 수를 최대화하는 가격대, 매출을 최대화하는 가격대, 이익을 최대화하는 가격대를 알 수가 있다. 더불어 상품의 구매율과 판촉자료의 효과 예측까지도 할 수 있는 획기적인 방법이다.

이 가격 조사법은 한 장짜리 설문 조사의 응답을 40통 수집하는 것에서 출발한다.

설문 조사의 대상 선택에서 결과 분석, 그리고 조사 결과를 토대로 가격을 결정까지는 다음 7단계를 거치게 된다. 여기서는 단계별로 포인트를 정해 순서대로 설명하도록 하자.

표 5-1 설문조사의뢰서의 예

고객획득실천회 사무국/주식회사 아르마크

○○○○년 ○○월 ○○일

설문 조사 의뢰
설문 조사에 임해주신 분께는 5월 발간 예정인 책을 무료로 드립니다.

저는 3~10배 정도 독서의 속도를 올릴 수 있는 '포토리딩'이라는 기술에 관한 세미나를 개최하려고 합니다.

포토리딩을 배움으로써 하루 1권의 책을 읽을 수 있게 됩니다. 속독과는 달리 정보 처리 속도 자체를 올리는 방법으로, 이미 전 세계의 20만 명이 배우고 있습니다. 저를 포함해 저희 직원 4명이 수강을 했는데, 수강 후부터 매일 하루에 1권의 책을 읽을 수 있게 되었습니다.

이 포토리딩 세미나에 관해 경영자를 대상으로 하는 관리자 코스를 개설하려고 합니다. 이에 귀하의 의견을 꼭 참고할 수 있기를 바랍니다.

귀하의 의견은 정말 중요합니다. 귀하를 포함한 40명의 평가를 통해 이 프로젝트를 실행할지 아니면 중지할지를 결정할 것이기 때문입니다.

바쁘시겠지만 부디 시간을 내주시고 프로젝트의 평가에 협력해주시길 간절히 바랍니다.

설문 조사에 응해주신다면 새 프로젝트 실행을 위해 사용하는 다이렉트메일(8페이지)을 팩스로 즉시 보내드리겠습니다. 다이렉트메일을 읽으신 후 솔직한 평가를 들려주시길 바랍니다. 질문은 총 5문항으로, 모두 한마디로 대답할 수 있는 간단한 질문입니다. 협력해주신 분께는 감사의 뜻으로 5월에 발간된 책을 증정하고자 합니다.

그럼 잘 부탁드립니다.

주식회사 아르마크 대표이사
간다 마사노리

추신. 협력해주실 분께는 즉시 자료(8페이지)와 설문용지(1페이지)를 팩스로 보내드리겠습니다. 아래에 기입한 후 팩스로 반송해주시길 바랍니다.

□ 간단한 5문항의 설문 조사에 협력하겠으니 자료를 보내주세요.

□ 이름: 팩스번호 :

1단계: 설문조사의뢰서를 보낸다

설문조사서를 먼저 보내서는 안 된다

이 가격 조사법은 한 장의 설문조사의뢰서를 발송하는 것으로 시작된다.

처음부터 설문조사서 원문을 보내서는 안 된다. 처음에는 표 5-1과 같은 설문조사의뢰서라는 문서를 보낸다. 이것을 읽고 협력해주겠다는 사람에게만 설문조사서 원문을 발송하는 것이다.

이때 포인트는, 설문조사의뢰서의 내용을 표 5-1의 내용 그대로 사용하는 것이다. 자기 나름의 표현을 고안하고 싶은 사람도 있겠지만, 이 내용은 마틴 쉐날드가 15년 이상의 시행착오를 거친 결과 가장 효과적인 방법이라고 판명된 문장들로 구성된 것이므로 그대로 사용하는 것이 좋다. 문장 내용을 각색하면 오히려 효과가 반감할 수 있다. 상품명이나 증정품의 내용을 바꾸는 것 외에는 기본적으로 그대로 사용할 것을 추천한다.

특히 중요한 것은 밑줄이 그어진 부분이다. 처음 두 줄을 전달함으로써 응답률도 오르고 성실한 응답이 돌아오게 된다. 무료로 선물을 받을 수 있을 뿐만 아니라, 자기를 포함한 극소수의 사람들만 이 프로젝트에 참가할 수 있다는 귀속의식을 자극하기 때문이다.

귀속 욕구는 인간의 근본적인 욕구 중 하나다. 일단 설문 조사에 협력하는 단계에서 귀속 의식을 높이는 것이다. 응답자는 설문 조사에 협력함으로써 새로운 프로젝트가 진행되느냐 마느냐가 결정된다는 부분에 공감하게 된다. 이 프로세스를 거치느냐 마느냐로 조사 결과의 신빙성은 크게 달라진다.

두 번째 밑줄도 중요하다. 문항이 5개라는 사실을 안 응답자는 '그렇게 시간이 걸리는 일은 아니구나!'라고 안심하기 때문이다.

설문 조사 대상자

이 설문 조사를 누구를 대상으로 실시할 것인가?

타깃을 정하지 않고 무작위로 실시한다면 정확도가 떨어지고 만다. 설문 조사는 조사 대상이 되는 상품의 예상고객을 상대로 실시한다. 즉, 그 상품을 구매할 가능성이 높은 사람, 적어도 그 상품에 관심을 가진 사람이 대상이다. 당신 회사의 고객리스트나 거래처 리스트에서 설문 대상자를 선정할 필요가 있다.

설문조사의뢰서를 발송하는 방법

설문조사의뢰서를 발송하는 방법은 우편이든 팩스든 인편이든 상관없지만, 가장 좋은 것은 팩스다. 이유는 간단하다. 수고가 가장 적게 들기 때문이다. 표 5-1의 문장도 팩스로 조사를 의뢰할 것을 전제로 하고 있다.

최근에는 설문 조사 내용을 대부분 이메일로 보내지만, 방법은 똑같다. 다만, 이메일로 의뢰할 경우라도 응답은 전자메일 외에 팩스로 보내줘도 좋다는 내용을 추가해두는 것이 좋다. 이메일보다 의외로 팩스로 응답하는 것이 좋다는 사람도 있을 수 있기 때문이다.

또 하나, 인터넷을 사용해 빈번하게 가격 조사를 한다면 홈페이지에 미리 전용 응답 양식을 만들어두어도 좋다.

오프라인형 비즈니스의 경우

매장이나 가게에서 영업을 하는 비즈니스의 경우는, 이미 가게를 찾은 고객이 있으므로 그 고객들에게 용지를 건네거나 구두로 부탁해도 좋다. 단, 기존 고객의 경우 '가능하면 가격 인상을 안하면 좋겠다'라는 심리가 작용해 적정한 가격을 구할 수 없을 수도 있다. 그러므로 기존상품에 대한 조사의 경우는 신규 고객을 대상으로 하는 것이 좋다. 이때는 약간의 주의가 필요하다. 신상품의 가격 결정을 위한 설문 조사의 경우라면 상관없다.

설문조사의뢰서를 몇 통 발송하면 좋을까?

설문 조사를 의뢰한 상대가 전원 응답을 준다는 보장은 없다.

가격분석을 위해서는 설문 조사의 응답을 최소 40통은 회수해야 하므로, 팩스의 경우는 적어도 150통, 가능한 한 200통 정도는 보내야 한다. 직접 건네는 경우는 응답률이 높기는 하지만, 100통에서 150통은 배포하는 것이 좋다.

2단계: 설문 조사와 응답용지를 보낸다

설문 조사 실시하기

'설문 조사에 응하겠다'는 회신이 오면, 그 사람에게 표 5-2의 설문 조사 협력에 대한 감사장과 함께 표 5-3의 응답용지를 보낸다. 그때 조사 대상이 되는 상품의 다이렉트메일을 반드시 함께 보내도록 한다.

다이렉트메일이 없을 때는, 상품을 설명할 수 있는 문서를 반드시 함께 보낼 필요가 있다. 그렇게 하지 않으면 설문 조사 응답자에게 상품의 내용이나 특징이 전달될 수 없다. 그 상품에 관한 카탈로그나 인쇄물이 있다면 함께 보내는 것이 좋다.

다이렉트메일이 없을 경우

'미리 작성해놓은 다이렉트메일이 없다'는 회사도 많다. 요점은 고객에게 상품설명이 제대로 전달되기만 하면 되므로, 가장 좋은

표 5-2 설문 조사의 응답자에게 보내는 감사장 예

주식회사 ○○상사 ○○ 귀하

○○○○년 ○○월 ○○일

바쁘신 중에 시간을 내어주시고, 흔쾌히 설문 조사에 응해주셔서 진심으로 감사합니다.

설문 조사는 아주 간단합니다.

① 먼저 첨부한 8페이지의 다이렉트메일을 읽어주시길 바랍니다.
② 7페이지에 참가비가 공백으로 남아 있으니, 그 참가비에 대한 귀하의 솔직한 의견을 마지막 페이지의 설문 조사 용지에 기입해주시길 바랍니다.

이번 설문 조사로 수집한 정보는 통계 조사 목적으로만 사용하며, 제3자에게 절대 유출하지 않습니다.
감사합니다.

주식회사 아르마크 대표이사
간다 마사노리

표 5-3 응답용지의 예

평가용지 발신자 : Fax 048-×××-×
주식회사 아르마크/고객획득실천회 사무국

첨부한 다이렉트메일의 7페이지에서, 빈칸으로 남겨둔 참가비에 대해, 귀하의
의견을 반영한 금액을 기입해주세요.

Q1. 이 강좌가 '싸다'라고 느끼는 참가비는 얼마입니까?　　　　　　| 만 엔 |

Q2. 이 강좌가 '비싸지만 참가할 가치가 있다'라고 느끼는 참
　　가비는 얼마입니까?　　　　　　　　　　　　　　　　　| 만 엔 |

Q3. 이 강좌가 '너무 비싸다'라고 느끼는 참가비는 얼마입니
　　까?　　　　　　　　　　　　　　　　　　　　　　　| 만 엔 |

Q4. 이 강좌가 '너무 싸서 품질이 의심스럽다'라고 느끼는 참
　　가비는 얼마입니까?　　　　　　　　　　　　　　　　| 만 엔 |

Q5. 3~10배 독서의 속도를 올릴 수 있는 포토리딩의 강좌에 대해, 당신의 감상
　　을 가장 적절하게 표현한 번호에 ○표 하세요.

　　1. 반드시 참가하고 싶다.
　　2. 꼭 필요한 강의다. 혹은 참가하고 싶다.
　　3. 참가하고 싶다. 내용은 평균 이상이다.
　　4. 참가하고 싶다. 내용은 평균이다.
　　5. 참가하고 싶은지 어떤지 모르겠지만, 내용은 평균이다.
　　6. 필요한 지식이라고는 생각하지만, 별로 참가하고 싶지 않다.
　　7. 필요한 지식도 아니고, 또 참가하고 싶지도 않다.
　　8. 이런 강좌에는 관심이 없다.

설문 조사는 이상입니다. 귀중한 의견 감사합니다. 그럼, 책을 보내드릴 주소를
적어주시기 바랍니다.

이름:		회사명:	
주소:			
전화:		팩스:	

184

방법은 사장인 당신이 직접 다이렉트메일을 작성하는 것이다.

작성 방법을 모르거나 글쓰기가 서툴다는 사람에게 추천하는 방법은, 실제로 그 상품을 판매하는 영업사원의 영업 대화 내용을 녹음해서 그것을 토대로 다이렉트메일을 만드는 것이다. 이렇게 하면 고객에게 상품의 특성을 정확하게 전달할 수 있다. 조사 대상이 신상품일 경우라도, 실제 판매하기에 앞서 영업 예행 연습을 실시하게 마련이다. 그때의 영업 대화 내용을 참고로 작성하면 된다.

응답용지의 금액란

설문 조사 응답용지도, 상품명 등을 바꾸는 것 외에는 예와 같은 내용을 그대로 사용하는 것이 좋다. 이때 중요한 것은 가격 부분을 빈칸으로 해두는 것이다.

흔히 보는 설문 조사에서는 예컨대 'a. 1,000엔 미만/ b. 1,000~2,000엔 / c. 2,000~3,000엔' 같이 미리 몇 가지 가격대를 정해서 선택하도록 하는데, 이것은 응답자에게 불필요한 선입관을 심어주게 된다.

질문 항목

이 가격 조사에서는 다음 네 가지 질문을 한다.

Q1. 이 상품이 '싸다'라고 느끼는 금액은 얼마입니까?

Q2. 이 상품이 '비싸지만 구매할 가치가 있다'라고 느끼는 금액은 얼마입니까?

Q3. 이 상품이 '너무 비싸다'라고 느끼는 금액은 얼마입니까?

Q4. 이 상품이 '너무 싸서 품질이 의심스럽다'라고 느끼는 금액은 얼마입니까?

이 네 가지 질문은 간단하지만 상당히 효과적이다. 통상의 가격 조사에서는 "당신은 이것을 얼마에 사겠습니까?"라고 묻지만, 이것으로는 보통의 고객은 가능한 한 싼 가격을 답하게 되고, 개중에는 현실과 동떨어진 응답을 하는 때도 있다. 고객은 설문 조사를 할 때 곧잘 거짓말을 한다.

하지만 이 네 가지 질문은 고객에게 거짓말할 여지를 주지 않는다. 사실은 이것이 중요한 성공 포인트다. 그러므로 당신은 이 설문 조사를 할 때 각색하지 않고 그대로 사용해야 한다.

복수의 상품가격을 조사하고 싶을 경우

한 장의 설문 조사로 두 가지 상품에 대한 응답을 구해도 좋으냐는 질문을 자주 받는다.

대답은 '아니오'다. 설문 조사 원문도 응답용지도 하나의 상품에 대한 것으로 제한하지 않으면 안 된다. 응답자의 생각이 혼동될 수 있고, 두 가지 상품을 비교해 의식적으로 밸런스를 맞추거나 하는 필요 이상의 생각을 하게 되기 때문이다.

두 가지 상품의 가격을 조사하고 싶다면, 수고스럽더라도 두 번실시하는 것이 신빙성 높은 결과를 얻을 수 있다.

응답용지의 회신이 없을 경우

응답용지에 나와 있듯이, 응답의 회신은 팩스로 하도록 부탁해둔 상태다. 그러나 회신이 없는 경우가 많다. 발송한 설문 조사 용지 중 절반 정도만 돌아오는 것이 보통이다.

그럴 때 회신을 독촉하기를 주저하는 사람이 많은데, 주저할 필요가 없다. 응답의 독촉은 적극적으로 하는 것이 좋다. 상대방은 단순히 회신하기를 잊고 있는 경우가 많기 때문이다. 나는 보통 전화로 독촉하는데, 팩스나 이메일이라도 상관없다. 이 가격 분석에는 40통의 응답이 절대적으로 필요하므로, 응답 수가 부족하면 설문 조사의 응답자를 새롭게 찾아서라도 40통을 확보해야 한다.

응답이 40통이 안 될 경우와 40통 이상이 모였을 경우

응답이 40통이 안 된다면 어떻게든 40통을 모으도록 노력해야 한다. 응답을 독촉하든 새로운 대상을 찾아 설문 조사를 의뢰한다.

반대로 40통 이상의 응답이 모였을 때는, 그것을 다 이용해도 상관은 없지만 가능하면 60통 정도가 좋다. 많을수록 정확도가 높아지지만 40통이면 충분히 분석할 수 있으니 무턱대고 늘릴 필요는 없다.

| COLUMN |
고객감정의 이해가 당신의 직감을 단련시킨다

이런 가격 조사를 실시할 때, 가격에 대해 고객이 어떤 감정을 갖는가 하는 고객감정에 대해서도 알아둘 필요가 있다. 고객의 감정에 맞는 가격을 설정할 수 있느냐 없느냐가, 가격 결정에 성공하느냐 실패하느냐의 열쇠가 되기 때문이다.

어떤 상품의 가격을 본 순간, 고객의 머릿속에서는 다음과 같은 네 가지 반응이 일어난다.

① '너무 싸다'는 의심 → 품질에 대한 불안 → 의심의 감정

예컨대, 정수기가 지금 반값에 판매되고 있다는 이야기를 들었을 때, '너무 싸니까 불안하다'고 느끼고, 곧 '수상하다'고 생각한다. 너무 싸서 마이너스 이미지를 갖게 하는 가격대다.

② '이거 정말 싸다!'라는 비교적 싸다는 느낌 → 기분 좋다 → 발견의 기쁨

품질에 불안을 느끼지 않는 가격대면서 '싸다!'라고 느끼는 가격대. 비교적 싸다는 느낌이 들면서 그 상품을 발견한 것이 더없이 기쁘다. 비교적 싸다는 느낌, 기분 좋은 가격대다.

③ '좀 비싸다'라는 비교적 비싸다는 느낌 → '하지만 갖고 싶다'는 갈등 → 좀 비싸지만 산다

비싸다고는 느끼지만 '싫다'고까지는 느끼지 않는 가격대. 좀 비싸긴 하지만 '갖고 싶다'는 마음이 크면 결국 산다.

④ '너무 비싸다'는 느낌에 손해 보는 기분 → 돈을 뜯기는 것 같은 분노

너무 비싸서 반발심을 느끼는 가격대. 손해 보는 기분에서 돈을 뜯긴다는 기분으로 바뀌고 결국 화까지 치민다.

고객은 가격을 본 순간 위의 네 가지 감정을 갖는다.

이 중에서 당신이 지향해야 할 가격대는 ② '비교적 싸다는 느낌'이 드는 가격대나 ③ '비교적 비싸지만 산다'는 가격대다.

①의 경우처럼 너무 싸면 '품질에 대한 불안'이 생기고, ④의 경우처럼 너무 비싸면 '돈을 뜯기는 것 같은 분노'를 느끼게 되기 때문이다. 그 가격의 경계선을 넘어서면, 순식간에 비교적 싸다는 느낌은 불안감으로 바뀌고 갈등은 분노로 바뀌고 만다.

그 운명의 갈림길이 되는 가격대는 어디에 있는 것일까? 그것을 아는 것이 가격 분석의 중요한 포인트다.

3단계: 설문 조사 결과를 근거로 그래프를 만든다

응답 결과를 분석한다

설문 조사 응답이 40통 모였다면, 드디어 분석을 시작하고 그래프를 작성해야 한다.

여기서는 그래프 작성 방법을 설명하겠다. 다소 기술적인 내용이므로, 당장 그래프를 작성하지 않으려는 독자는 가격 조사의 실제 사례로 넘어가도 좋다.

먼저, 표 5-3의 설문 조사 응답용지에 있는 Q1~Q4의 응답 결과를 집계하여 그래프를 작성한다. 각 질문마다 가격별 누계 인수를 계산해가는 것이다. 여기서 작성하는 분석 그래프는 각각의 질문에 대한 응답의 가격대에서 그 비율을 백분율로 나타낸 것이다.

Q1의 설문 조사 결과는, 응답자의 몇 %가 각 가격대에서 '싸다고 느끼는가'를 표현한 그래프가 된다.

Q2의 설문 조사 결과는 각 가격대에서 '비싸지만 구매할 가치가 있다'고 느끼는 사람의 비율을 표현한 그래프다.

Q3의 경우는, 각 가격대에서 '너무 비싸다'고 느끼는 사람의 비율을 나타내는 그래프다.

Q4의 경우는 '너무 싸서 품질이 의심스럽다'고 느끼는 사람의 비율을 나타내는 그래프다.

이 네 가지 꺾은선 그래프를 만들다 보면, 표 5-4처럼 곡선 모양의 그래프 4개가 완성된다. 우선은 여기까지가 첫 작업이다.

실제로 그래프를 그린다

이제 실제로 그래프 그리는 법을 살펴보겠다.

Q3의 '너무 비싸다' 항목을 예로 들어보자.

설문 조사의 유효한 응답 수가 40통이고, Q3에 대해서는 최저가격이 1,000엔에 최고가격이 3만 엔이라는, 상당히 격차가 큰 응답 결과였다고 하자.

먼저, 각 가격대에 해당하는 응답자 수의 표를 작성한다. 표

표 5-4 네 가지 감정을 그래프로 나타낸다.

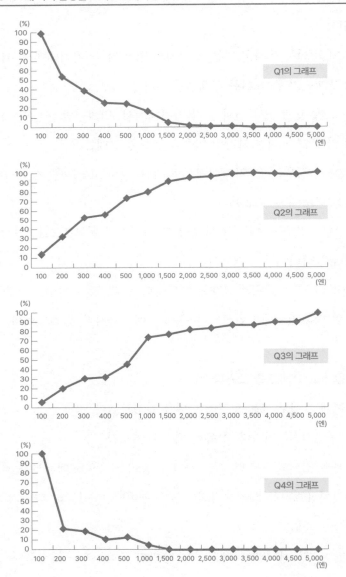

5-5의 A란이 그것이다. 단순히 해당하는 가격에 응답인수를 표시하면 된다. 그런 다음 그들 응답인수의 누적인수를 계산하는데, B란이 그것이다. 누계이므로 단순히 숫자를 왼쪽에서부터 더해가면 된다.

다음 작업으로는, 그렇게 더한 수의 유효 응답수에 해당하는 비율을 구한다. 그것이 C란이다. 예를 들어 7,000엔이라는 가격의 누계 인수가 6명이므로 $6 \div 40 = 0.15 (6/40 \times 100 = 15)$. 즉, 전체 중 차지하는 비율은 15%가 되는 것이다.

이렇게 각 가격대의 누계 인수가 유효 응답수 전체 중 점유하는 비율(시장의 관심비율이라고 한다)을 계산하고, 그 결과를 꺾은선 그래프로 표현하면 표 5-6이 완성된다. 이 Q3의 그래프는 설문 조사를 한 상품에 대해 '너무 비싸다'라고 느끼는 사람의 비율을 가격대별로 표현한 그래프다. 7,000엔에서는 15%의 사람이, 14,000엔에서는 40%의 사람이 '너무 비싸다'라고 느낀다는 사실을 알 수 있다. 가격이 높아질수록(우측으로 갈수록) '너무 비싸다'라고 느끼는 사람이 많아지게 된다.

이런 식으로, 다른 질문의 응답에 대해서도 각 가격대의 누계 인수 비율을 구하고, 그 결과를 표 5-6과 같이 꺾은선 그래프로 나타내면, 네 가지 질문에 대한 각각의 꺾은선 그래프가 완성된다.

여기서 정확히 확인해야 할 점이 하나 있다. 그것은 Q1과 Q4

표 5-5 Q3 응답의 예

가격대(엔)	1,000	2,000	3,000	4,000	5,000	6,000	7,000	8,000
A: 응답인수	1	1	0	1	2	0	1	0
B: 누적인수	1	2	2	3	5	5	6	6
C: 백분율(%)	3	5	5	8	13	13	15	15

9,000	10,000	⋯⋯	27,000	28,000	29,000	30,000
0	3	⋯⋯	1	2	1	1
6	9	⋯⋯	36	38	39	40
15	23	⋯⋯	90	95	98	100

표 5-6 Q3의 응답 결과를 꺾은선 그래프로 만든다.

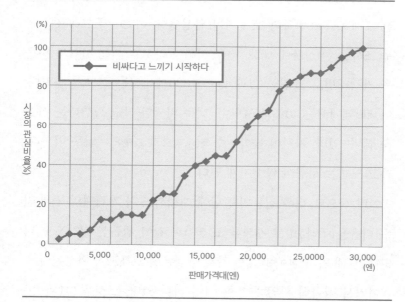

의 그래프가 오른쪽으로 갈수록 내려오는 우하향 그래프라는 점이다.

Q1의 응답을 토대로 작성한 그래프는 '이거 정말 싸다'고 느끼는 사람의 비율을 표현한 그래프이기 때문에, 당연히 가격이 올라갈수록(오른쪽을 갈수록) 싸다고 느끼는 사람은 적어지고 그래프는 우하향이 된다.

Q4도 마찬가지다. '너무 싸서 품질이 의심스럽다'고 느끼는 사람의 비율이므로, 가격이 비싸질수록(오른쪽으로 갈수록) 너무 싸다고 느끼는 사람은 당연히 적어지기 때문에 우하향의 그래프가 된다.

참고로, 그래프 작성은 마이크로소프트 엑셀 등 프로그램을 사용하면 자동적으로 누계 수와 백분율 계산이 가능하고, 간단하게 그래프를 작성할 수 있다.

2개의 그래프만 반전시킨다

이로써 네 가지 질문에 대한 그래프 작성이 완성되었다.

다음으로 할 것은 이 4개의 그래프를 합치는 작업이다. 하지만 그 전에 4개의 그래프 중 2개에 대해서는, 그것을 반전시킨 '반전 그래프'를 작성해야 한다. 이것이 이 노하우의 특징이다.

반전시키는 것은 Q1의 '이거 정말 싸다'라고 느끼기 시작하는 가격에 대한 그래프와, Q2의 '비싸지만 구매할 가치가 있다'라고 느끼는 가격에 대한 그래프다. 이 두 개의 그래프를 반전시켜서 나머지 두 개의 그래프와 합쳐야 한다.

반전 그래프를 그리는 법

어떻게 반전 그래프를 그려야 할까?

먼저 '반전시킨다'는 것이 어떤 의미인가를 생각할 필요가 있다. '반전시킨다'는 것은 곧 질문 뒤에 숨은 심리를 알아내는 것이다. 예컨대, 한 가격대에서 30%로 표시되어 있다면 그 반대는 70%라는 의미다. 즉, 70%의 사람은 30%의 사람과 반대로 느낀다는 말이다. 이렇게 Q1과 Q2 각각의 가격대와 반대되는 비율 (표 5-7의 G란 참조)을 구하면 반전 그래프가 완성된다.

구체적으로 설명해보겠다.

표 5-7을 보자. 이 표의 F란에 있는 숫자는 설문 조사 Q2의 응답수를 표시한 것이다. 이것을 보면 7,000엔의 가격대에서는 비율이 30%다. 거꾸로 생각하면, 70%의 사람은 30%의 사람과 반대의 감각을 가지고 있다는 말이다. 즉, 30%의 사람은 '비싸지만 구매할 가치가 있다'고 느끼지만, 70%의 사람은 이 가격대에서 '아직 비싸다고 느끼지 않는다'는 것이다.

사실은 이 가격분석 설문 조사의 Q2를 통해 원하는 응답은,

표 5-7 Q2 응답의 예

가격대(엔)	1,000	2,000	3,000	4,000	5,000	6,000	7,000	8,000
D: 응답인수	1	2	1	0	3	2	3	0
E: 누적인수	1	3	4	4	7	9	12	12
F: 백분율(%)	3	8	10	10	18	23	30	30
G: 100-F(%)	97	92	90	90	82	77	70	70

9,000	10,000	……	27,000	28,000	29,000	30,000
1	2	……	0	1	0	1
13	15	……	38	39	39	40
33	38	……	95	98	98	100
67	62	……	5	2	2	0

'아직 비싸다고 느끼지 않는다'는 사람의 비율이다. 하지만 직설적으로 "당신은 얼마면 아직 비싸다고 느끼지 않겠습니까?"라고 묻더라도 솔직하게는 대답하지 못한다. 그 상품을 가능한 한 싼 가격에 사고 싶은 마음에 낮게 대답하려는 의도가 개입되기 때문이다.

그러므로 차라리 그 반대되는 질문인 "비싸지만 구매할 가치가 있다고 느끼는 금액은 얼마입니까?"라고 물음으로써, 자의적으로 답하지 않게 하는 것이다.

그렇게 함으로써 정말 필요한 응답인 '아직 비싸다고 느끼지 않는다'는 사람의 정확한 비율을 알 수 있다. 반전시킨 그래프 표 5-8이 그것을 나타낸다. 반전시킨 이 그래프야말로 진짜 필요로 하는 '아직 비싸다고 느끼지 않는다'는 사람의 비율을 가격대별로 표현한 그래프이다.

Q1도 마찬가지다. Q1을 통해 알 수 있는 것은 '싸다'고 느끼는 사람의 비율이므로, 그 반대는 '아직 싸다고 느끼지 않는다'는 사람의 비율이 된다. 바로 그것을 알아보기 위해서 반대로 "정말 싸다고 느끼는 금액은 얼마입니까?"라고 묻고 있다. 그리고 그 응답

표 5-8 Q2의 응답 결과를 토대로 한 반전 그래프

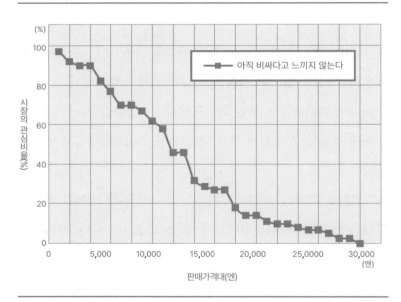

을 토대로 작성했던 그래프를 반전시킨 그래프가 필요한 것이다.

Q1과 Q2의 반전 그래프는 이렇게 해서 만들어진다.

두 개의 그래프를 반전시켜 합친 의미는?

Q1과 Q2의 응답에서 얻은 두 개의 그래프를 반전시킨 의미를 생각해보자.

먼저 여기서 주목할 것은 Q2로 만든 그래프다. 이 그래프는 '비싸지만 구매할 가치가 있다'고 느끼는 사람의 누계다. 그것은 곧 '비싸다고 느끼고 있는 사람'의 누계 그래프이기도 하다.

그렇다면 이 그래프를 반전시키면 무엇을 알 수 있는가? 그것은 '비싸다고 느끼고 있다'는 사람 이외의 인수를 알 수 있다는 말이 된다.

이 Q2를 반전시킨 '아직 비싸다고 느끼지 않는다'는 사람의 그래프와 Q3의 '너무 비싸다고 느낀다'는 사람의 그래프를 겹치면 교점이 생긴다. 사실상 핵심은 바로 이 교점이다(표 5-9 참조).

여기서는 가격 13,500엔 지점에서 교차되었다. 이때 이 교점은 설문 조사에 응답한 전원이 '이 이상은 너무 비싸다' 혹은 '비싸다고 느끼지만 산다'고 생각하는 상한가가 된다. 즉, 비싸다고 느끼지 않는 사람이 한 사람도 없게 되는 가격대다(표 5-10 참조). 이것은 13,500엔을 넘으면 누구나 비싸다고 느끼게 된다는 것을

표 5-9 프리미엄 상한가격을 찾는다

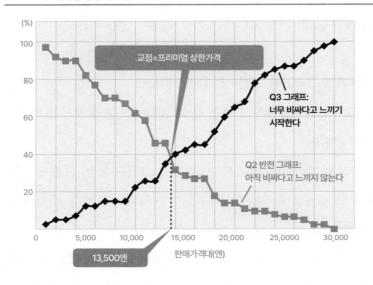

표 5-10 프리미엄 상한가격의 의미

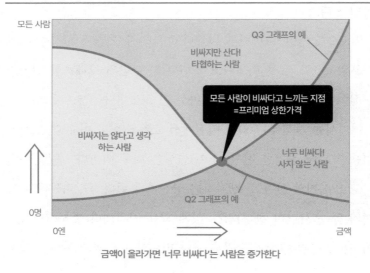

금액이 올라가면 '너무 비싸다'는 사람은 증가한다

의미한다.

그러므로 여기서 알 수 있는 것은 13,500엔을 넘지 않는 포인트가 판매출 상한가격인 '프리미엄 상한가격'이라는 것이다.

마찬가지로 Q1에서 얻을 수 있는 것은 '싸다고 느끼는 사람'의 그래프인데, 그것을 반전시키면 '아직 싸다고 느끼지 않는다'는 사람의 비율을 보여주는 그래프가 된다.

그리고 Q1의 반전 그래프와 Q4의 '너무 싸서 품질이 의심스럽다'고 느끼는 그래프를 겹치면 생기는 교점은, 그 교점을 밑도는 가격대는 품질이 의심스러워 구매하지 않게 되는 가격대를 나타내고 있다. 즉, 그 교점이 '가치 하한가격'이 되는 것이다.

이렇게 Q1과 Q2의 그래프를 반전시킴으로써 각각에서 얻어지는 교점을 찾게 되었다. 그 교점들은 적정가격의 하한인 '가치 하한가격'과 적정가격의 상한인 '프리미엄 상한가격'을 나타낸다.

4단계: 그래프에서 적절한 가격대를 알아낸다

그래프의 교점으로 가격을 구한다

이제는 3단계에서 작성한 Q1과 Q2의 반전 그래프, 그리고 Q3과 Q4의 그래프를 합쳐서 생긴 교점이 주요 포인트가 된다. 이 교점은 앞의 4개 그래프를 합치면 자동적으로 생기는데, 계산해서 산출할 수도 있다. 그 계산식은 다음과 같다.

교점을 구하는 방법은 각각의 그래프에 있는 교차하기 전후의 두 점에서 그래프의 직선의 방정식을 구하고, 그 두 식의 연립방정식을 이용해 구할 수 있다. 같은 요령으로 4개의 직선을 표시하고, 각각의 교점을 구하면 되는 것이다. 이하의 예를 이용해 그 계산식을 써보도록 하자. 그래프의 교점은 다음과 같다.

① 너무 비싸다고 느끼기 시작하는 그래프의 두 점

    (13,000엔, 35%) (14,000엔, 40%)

② 비싸다고 느끼지 않는 그래프의 두 점

    (13,000엔 46%)(14,000엔, 32%)

①의 식은 두 점에서 : $y=5/1000x-30$

②의 식은 두 점에서 : $y=-14/1000x+228$

이때 교점은 (13,579엔, 37.9%)

프리미엄 상한가격은 13,579엔

표시하는 단위에 따라 달라지겠지만, 일반적으로 13,500엔이라는 결과로 표시한다.

그래프의 교점 가격의 의미는?

표 5-11은 실제로 어느 기업이 실시했던 가격 조사의 결과를 토대로 그린 그래프다. 이것을 이용해 설명하겠다.

4개의 그래프를 합치면 4개의 교점이 생긴다. 그중 2개의 교점은 큰 의미를 갖는다.

하나는 Q1의 반전 그래프와 Q4 그래프의 교점 a다.

이 교점이 적정가격대의 하한가인 '가치 하한가격'을 나타낸다. 이보다 싸게 하면 고객이 '너무 싸서 품질이 의심스럽다'라고 느끼는 가격이다. 그러므로 이 교점 a를 웃도는 가격을 정하면 된다.

회사의 전략으로 싸도 좋으니까 수를 늘리고 싶다고 할 경우는, 교점 a에 가까운 가격대를 설정하면 된다. 단, 이것을 조금이라도 밑돌면 고객 수가 감소하게 되므로 그것은 절대 피해야 한다.

교점 a가 나타내는 가치 하한가격은 고객 수가 최대화하는 가격이다. 이에 가까운 가격대로 파는 것은, 그 고객에게 이익이 높은 다른 지지상품을 팔고 싶을 때 적용하면 좋다. 다시 말해, 유인가격으로 활용하는 것이다. 이때 필요한 것이 유인가격의 상품을 구매해준 고객을 어떻게 고정고객으로 끌어안느냐 하는 것이다. 그러기 위해서는 뉴스레터를 발행하거나 고객을 포섭해 다시 찾아오도록 할 필요가 있다.

표 5-11 적정가격대를 알아낸다

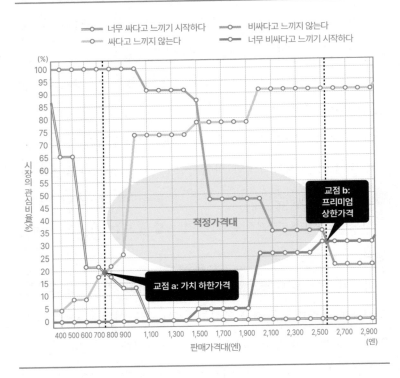

또 하나는 Q3 그래프와 Q2의 반전 그래프의 교점 b다. 이 교점의 가격이 프리미엄 상한가격이 된다. 적정가격의 상한이다. 교점 b의 가격을 웃돌면 '너무 비싸서 사지 않겠다'라는 가격대로, 소비자의 반발을 살 가격대가 되고 만다.

'고객 수는 적어도 좋으니 비싼 가격으로 최대이익을 얻고 싶다'라는 사람은, 교점 b의 프리미엄 상한가격에 가까운 가격대에

서 판매하면 된다. 예컨대 대량 생산할 수 없는 상품이나 희소성
을 부여하고 싶은 상품은 이 가격대로 판매하는 것이 좋다.

다른 교점의 가격도 중요한가?

지금 설명한 두 가지 교점 외에 나머지 교점은 별 의미가 없으
므로 무시해도 좋다.

결국 중요한 것은 프리미엄 상한가격을 결정하는 Q3 그래프와
Q2의 반전 그래프의 교점, 그리고 가치 하한가격을 결정하는 Q1
의 반전 그래프와 Q4 그래프의 교점이다.

이 두 교점은 중요한 포인트이므로, 그래프에 반드시 빨간색 별
표를 쳐두기 바란다.

|COLUMN|

프리미엄 상한가격을 알아내어 성공한 사례

프리미엄 상한가격에서 가격을 설정하여 대성공을 거둔 실례
가 있다(표 5-12 참조).

에이디프로덕트의 사사키 타케시가 판매하는 나무갑판이다.
이 상품의 적정가격대는 설문 조사 결과에 따르면 133,000엔

에서 350,000엔이었다.

나무갑판은 홈센터 등에 가면 통상 150,000엔 전후로 판매되고 있다. 이것은 싼 가격으로 고객을 끌어들이는 가격할인이 가열되어, 시장 전체가 가치 하한가격으로 떨어졌기 때문이다. 보통은 이 추세에 밀려 가치 하한가격에 가까운 가격 결정을 할 것이다.

하지만 사사키 씨는 고가격대의 상한인 350,000엔에 판매하고 있다. 그 이유는 무엇인가? 그것은 바로 사사키 씨의 상품에 대한 고집이고 자존심이다. 하나하나 정성을 들여 손으로 만든다. 대량 생산은 할 수도 없고 또 하고 싶지도 않다.

그런 고집과 한 사람 한 사람의 고객을 소중하게 여기는 마음으로, 고품질의 상품과 서비스를 제공하고 싶다. 그러기 위해서 고객 수를 증가시키는 전략은 채용하지 않고, 수는 적더라도 자신의 상품을 인정해주는 팬을 만족시킬 수 있는 품질 높은 상품을 제공한다는 전략을 추진하고 있다.

적정가격의 범위 내에서 어느 가격대를 선택할 것인가? 그것은 당신의 전략에 달렸다.

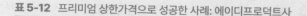

표 5-12 프리미엄 상한가격으로 성공한 사례: 에이디프로덕트사

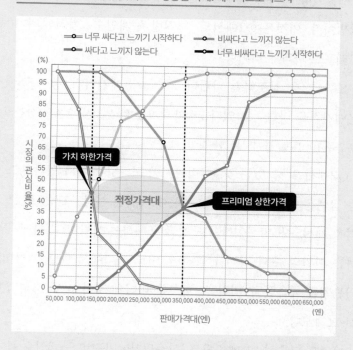

5단계: 매출과 이익을 예측한다

어느 정도의 매출과 이익이 생길까?

이 가격 분석으로, 어느 가격대에서 판매하면 어느 정도의 매출
이나 이익이 생길까를 예측할 수 있다.

매출이나 이익이 최대화하는 가격대로 판매하는 것도 한 가지 방법이다. 이것은 Q2에서의 '가격별 누계인수×가격의 수치'를 그래프로 나타낸 것이다.

표 5-13을 참조하길 바란다. x축은 판매가격대, 종축은 예측 구매가격을 나타내고 있다(y축의 숫자는 설문 조사 수치와 상관없이 모수를 100으로 하여 계산한 것이다).

Q2에서 알 수 있는 것은 "비싸지만 구매할 가치가 있다고 느끼는 금액은 얼마입니까?"라는 질문에 대답한 사람. 그러므로 그 가격을 제시하면 망설이다가도 결국 구매하는 사람이다. 이때 구매하는 사람의 수와 가격을 곱하면, 어느 가격에서 매출이 최대가 되는지를 예측할 수 있다. 그 매출을 나타낸 것이 표 5-13의 꺾은선 그래프다.

이익은 단순히 그 매출에서 '상품원가×가격별 누계인수'를 빼면 된다. 그렇게 하면 이익도 예상할 수 있다. 이 표에서는 막대그래프로 나타내고 있다.

고객 수와 매출을 동시에 최대화하는 가격

표 5-13의 그래프에서, 고객 수를 최대로 확보하면서 매출을 최대화할 수 있는 포인트를 찾아보자.

그래프를 보면 매출을 최대화하는 가격은 1,500엔임을 알 수

표 5-13 매출과 이익을 최대화하는 가격대

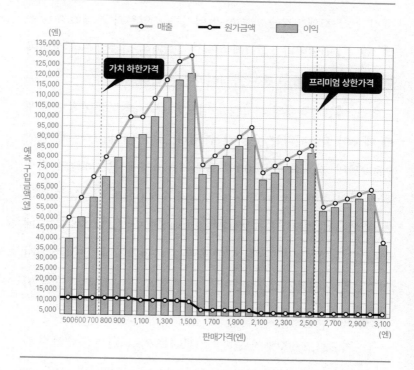

있는데, 전체적으로 이 그래프를 보면 2,500엔, 2,000엔, 1,500엔의 가격에서 매출이 최고가 된다는 것을 알 수 있다. 이 3개의 점은 상품에 대한 고객의 예산가격대를 보여준다. 이들 포인트를 넘어서면 일시에 매출이 떨어질 것이라는 말이다.

아주 재미있는 사실은, 1,000엔 전후의 가격대에서는 더 높은 예산을 노려도 된다는 것이다. 이 가격대에서는 흔히 980엔이나

1,000엔으로 가격을 결정하는 사람이 많은데, 그래프를 보면 알 겠지만 1,500엔까지는 매출이 떨어지는 포인트가 존재하지 않는 다. 즉, 1,150엔이나 1,200엔 아니면 1,500엔 아슬아슬한 선까지 는 고객이 허용할 수 있는 가격이라는 얘기다.

한편, 예산가격대의 최고점을 넘으면 아주 작은 차이에도 일시 에 매출이 떨어진다는 것을 알 수 있다. 표 5-13의 그래프를 보면 1,500엔의 최고점에서 100엔 올린 1,600엔에서는 매출이 순식 간에 거의 절반 가까이 떨어지고 만다. 2,000엔의 경우는 정확히 2,000엔에서 최고점을 이뤘다가 2,100엔이나 2,200엔에서는 매 출이 크게 떨어진다. 2,500엔의 경우도 마찬가지다. 2,500엔에서 최고점을 이뤘다가 2,600엔이나 2,700엔에서는 매출이 크게 떨 어진다는 것을 알 수 있다.

결론적으로, 1,600엔에 판매하기보다는 2,500엔에 판매하는 편 이 더 많은 고객이 구매한다. 또 1,600엔보다 2,500엔에 판매하는 것이, 그래프를 보면 알 수 있듯이 매출도 이익도 크다(물론 최대 화하는 것은 1,500엔이다).

이처럼 일반적인 방법으로는 절대 알 수 없는 것들이, 이 한 장 의 설문 조사를 통해 간단히 알 수 있다. 이것이 이 가격 조사의 대 단한 점이다. 당신도 어쩌면, 예에서 보았듯이 더 비싼 금액에 판 매할 수도 있는 것을 싸게 팔고 있는 우를 범하고 있을지 모른다.

6단계: 필요와 욕구를 예측한다

실제 매출을 예측할 수 있는 8가지 설문 조사 항목

이 가격 조사의 우수한 점은 고객감정에 맞는 가격을 알 수 있을 뿐 아니라 상품에 대한 필요Needs와 소비자의 욕구Want까지 알 수 있다는 점이다.

이것을 알기 위한 질문이 표 5-3의 설문 조사 응답용지의 하단에 있는 Q5다.

설문 조사에 응답하여 가격을 기입하더라도 그것을 원하는지 어떤지는 별개의 문제다. 지금까지의 조사 결과가 의미를 갖도록 하기 위해서는, 상품에 대한 고객의 필요와 욕구의 조사를 접목시키는 것이 반드시 필요하다. 그래서 앞에서 살펴본 네 가지 가격대를 묻는 질문과는 별개로, 시장의 욕구를 분석하고 실제 매출을 예측하기 위한 설문 조사가 여기 등장하는 것이다.

Q5는 해당 상품이나 서비스에 대한 감상을 다음 8가지 항목에서 선택해 ○를 치도록 한 것이다.

① 무슨 수를 써서라도 갖고 싶다.

② 꼭 갖고 싶다.

③ 갖고 싶다. 상품가격은 평균이다.

④ 갖고 싶은지 어떤지는 모르겠지만, 상품가격은 평균이다.

⑤ 갖고 싶지는 않지만, 상품가격은 평균이다.

⑥ 필요한 상품이라고는 생각하지만, 꼭 갖고 싶지는 않다.

⑦ 필요한 상품도 아니고, 갖고 싶지도 않다.

⑧ 이런 상품에는 관심이 없다.

이 질문으로 예상고객의 구매 의욕을 알 수 있다.

간단하게 말하면, ①과 ②가 '사고 싶다'는 사람. ③부터 ⑤까지는 평균점, ⑥ 이하는 '사지 않는다'는 사람이다.

감상 ①은 거의 없는 것이 보통이므로, 적다고 해서 그리 신경 쓸 일은 아니다. 감상 ②가 20% 이상 있으면 합격점이라고 할 수 있다. 또 감상 ③은 다이렉트메일의 개선이나 영업 방식, 상품의 팸플릿이나 기획 등으로 감상 ②로 어느 정도 전환시킬 수 있다.

반대로 신경 쓰지 않으면 안 될 것은 감상 ⑥ 이하가 많을 때다. 이것이 3분의 1을 초과한 상품은 위험하다. 가격 결정의 문제와는 별개로 대체로 팔릴 가능성이 낮기 때문이다. 그런 상품은 판매 자체를 고려해보아야 한다.

가격 조사는 상품 기획 단계에서 실시하자

이 가격 조사는 상품이 이미 존재하는 경우나 이미 판매되고 있는 상품에 대해서 실시하는 경우가 일반적이다. 그것도 그런대로 상관은 없지만, 사실은 이 가격 조사가 가장 효과를 발휘할 수 있는 시기는 상품의 기획 단계다.

아직 상품이 완성되어 있지 않은 기획 단계에서 다이렉트메일을 만들고 가격 조사를 실시한다. 필요와 욕구를 알아냄으로써 그 상품이 과연 시장에 받아들여질지 여부를, 후반의 질문을 통해 알 수 있기 때문이다. 물론 예상가격도 알 수 있고, 대강의 예상 매출도 알 수 있다.

그 결과, 기획 단계의 상품을 정말 상품화해도 좋을지 어떨지를 알 수 있다. 가격 조사뿐만 아니라 시장의 필요와 욕구도 알 수 있는 이 조사는 신규 사업의 시작 단계에서 실시하는 것이 가장 효과적으로 활용하는 방법이라 할 수 있다. 앞으로 새롭게 사업을 일으킬 기업가들에게는 필수의 노하우다.

7단계: 가격을 결정한다

최적의 가격을 선택한다

이제 드디어 가격을 결정할 순간이다. 바로 표 5-11에서 설명했던 가치 하한가격과 프리미엄 상한가격 사이에 위치한 가격대에서 가격이 결정될 것이다. 그 가격대가 고객의 시점에서 마이너스 이미지를 갖지 않을(따라서 고객 수가 최대화할 수 있다) 적정 가격대가 된다. 표 5-12에서도 그것을 알 수 있다. 그러므로 이 적정가격대에서 가격을 설정하면 되는 것이다.

이것은 표 5-13의 매출과 이익을 파악하는 그래프에서도 알 수 있다. 이 그래프를 보면 2,500엔에 판매해도 좋고 750엔에 판매해도 좋다. 이것은 적정가격의 범위 내에 든 가격이기 때문에 브랜드 면에서는 문제가 없다는 얘기다.

즉, 가치 하한가격과 프리미엄 상한가격 사이의 가격대라면 얼마로 정해도 좋다는 말이다. 이 가격대에 속하기만 하면, 너무 싸서 품질이 의심스럽다고 느끼는 가격도 아니고 너무 비싸서 반감을 살 정도의 가격도 아니기 때문에 브랜드 이미지를 손상시키지 않고 판매할 수 있다.

경쟁사 가격이 신경 쓰일 때

이 단계가 되면 경쟁사의 가격을 거론하는 경영자가 있다.

분명히 말하지만, 경쟁사는 생각하지 않는 것이 좋다. 여기에서 경쟁사를 의식하면 가격 경쟁에 휘말리고 만다. 가격 경쟁이 벌어지면, 지금은 가치 하한가격과 프리미엄 상한가격 사이에서 안정적인 가격을 유지하고 있더라도, 점차 가치 하한가격을 밑도는 가격대로 떨어지고 말 위험이 있다.

어디까지나 이 가격 조사의 결과를 토대로, 당신 회사의 전략과 상황을 우선시하여 어느 가격대로 할 것인가를 결정해야 한다.

무리해서 높은 가격으로 설정하면 일시적으로는 잘 팔릴지 모르지만 장기적으로는 실패하고 만다. 조직에 나쁜 여파가 생기거나 '이렇게 비싼 가격에 서비스가 고작 이거야?'라는 불만이 제기될 수도 있다. 싸게 하든 비싸게 하든, 자기 키에 맞는 가격을 설정해야 할 것이다.

앞에서도 말했지만, 가격은 어디까지나 빙산의 일각에 지나지 않는다. 그저 가격만을 올린다고 해서 다 되는 것은 아니다. 전략에 근거한 가격에 맞는 품질과 서비스를 제공하는 것의 중요성, 그 전략을 지지할 수 있는 관리력과 조직력이 필요하다는 것은 지금까지 여러 번 강조했다.

회사에는 반드시 전략이라는 것이 필요하다. 가치 하한가격대로 갈 것이냐, 프리미엄 상한가격대로 갈 것이냐? 그것은 당신 회사의 전략에 달렸다.

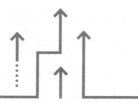

감정가격 결정법이 가져다준
놀라운 성공

0엔에서 연 36만 엔의 매출을 일으키다

지금까지 무료였던 서비스를 월 30,000엔의 상품으로 가격을 변경해 대성공을 거둔 사례가 있다.

파이낸셜 플래너Financial Planner인 (유)아트에이전시 대표이사인 시라이시 코이치다. FP의 일은 보통 조언만으로 이익을 올릴 수는 없다. 보험이나 투자신탁의 백마진Back Margin이 수입이지, '조언이나 컨설팅으로는 돈을 받을 수 없다'는 것이 상식이다.

하지만 시라이시는 '감정가격 결정법'으로 그 상식을 깨는 데 성공했다. 그가 무료로 실시하던 서비스에 대해 가격 조사를 한 결과, 무려 월 30,000엔의 가치가 있다는 것을 알게 된 것이다(표 5-14).

사실은 그도 처음에는 FP의 컨설팅 요금은 기껏해야 연간 30,000엔 정도가 아닐까 생각하고 있었다. 월간이 아니라 연간 30,000엔이다.

실제로 이 가격 결정 노하우에 따라 가격 조사를 실시한 결과, 가장 싼 가격인 가치 하한가격만 해도 연간 86,000엔이라는 것이 판명되었다. 상한가격은 무려 375,000엔이라는 결과가 나왔다. 이 가격 조사법을 사용하지 않았다면, 실상 연간 수백만 엔의 손실을 보았을 것이란 얘기다. 그런 손실이 몇 년간 쌓인다고 생각하면 아찔해진다.

그는 FP라는 일은 고객에게 개별적으로 대응을 해야 하는 육체노동 제공형의 서비스라고 생각했다. 그러므로 이 조사 결과, 그다지 가격에 대해 신경 쓰지 않고 오히려 가격보다 서비스 내용을 이해하고 관심을 가져주는 소수의 고객만을 위해 보다 충실한 서비스를 제공하는 편이 좋겠다고 판단하고, 상한가격에 가까운 금액으로 결정했다. 그 결과가 월 30,000엔, 연간 360,000엔이라는 금액이었다.

업계에서는 무료가 상식인 서비스가 단 한 장의 설문 조사를

표 5-14 파이낸셜플래너의 사례

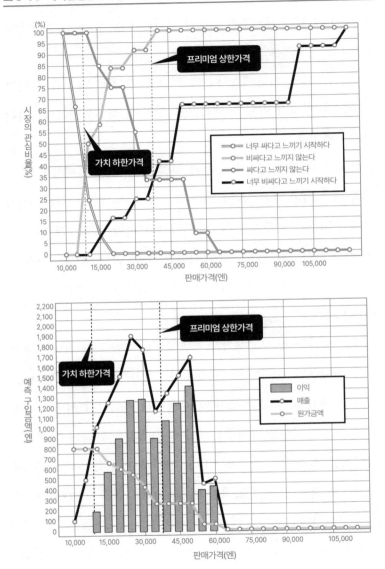

실시함으로써 고객 1인당 연간 360,000엔으로 탈바꿈하게 되었으니, 그야말로 놀라운 일이 아닐 수 없다. 10명의 고객만 획득하더라도 360,000엔, 20명이면 720,000엔이라는 금액이 된다.

이것이 3년, 5년 계속되는 것이다. 만일 가격 조사를 하지 않았다면 어떨까? 혹시 당신도 지금 이 같은 손실을 보고 있을지도 모른다. 이런 위기의식을 한 번쯤은 반드시 가져보길 바란다.

어쨌든 이 정도의 금액을 받을 수 있는 서비스를 대부분의 FP가 무료로 제공하고 있다는 것은 정말 안타까운 일이다. 가격 전략을 가지고 있지 않은 사람들끼리 의기투합한 결과, 그것이 업계의 상식으로 통하고 있는 실정이다. 당신도 업계의 상식이라고 믿고 있는 가격을 한 번쯤 의심해볼 가치가 충분하다.

가격 조사로 매출을 2배로 만들다

한 가지 더, 아주 친숙한 예를 들어보자. 0엔에서 출발한 경우는 아니지만, 역시 업계의 상식적인 가격에 의문을 제기해 성공한 예다.

도쿄를 중심으로 약 40개 점포를 운영하는 세탁 클리닝 업체 닛토서비스 대표이사인 에노모토 토유키는 얼룩 제거의 적정가격을 조사했다. 그때까지는 경쟁사의 가격을 의식해 700엔에 서비스하고 있었는데, '적정가격은 다르지 않을까, 좀 더 가격을 인상해도 되지 않을까?' 하는 생각이 문득 들었다고 한다. 그것이 계기가 되어 실시한 가격 조사 결과, 얼룩 제거의 상한가격이 1,500엔이라는 것을 알게 되었다.

여기서 표 5-13을 다시 한 번 보길 바란다. 이 그래프는 에노모토가 가격 조사 결과에 근거해서 작성한 것이다. 이것을 통해 알 수 있는 것은, 1,500엔까지는 가격을 올리면 올릴수록 매출이 증가한다는 사실이다. 그런데 1,500엔을 넘어선 단계에서 순식간에 구매자가 감소한다. 이로써 얼룩 제거의 상한가격은 1,500엔이라는 사실을 알 수 있다.

이 결과를 보고 닛토서비스에서는 얼룩 제거 가격을 1,500엔으로 올렸다. 700엔에서 1,500엔으로 2배 이상의 가격 인상이다. 만일 타사와 마찬가지로 그대로 700엔을 유지했더라면, 매출은 절반이나 줄었을 것이다. 무심하게 대충대충 가격을 정하는 것은 이처럼 무서운 일이다.

닛토서비스에 관해서는 또 하나의 사례가 있다. 이 회사에서는 이전부터 고객의 양복을 보관해주는 서비스를 하고 있었다. 가격 조사를 하기 전까지의 가격은 300엔이었다. '뭐, 이 정도면 되겠지' 하는 생각에 정한 가격이었다고 한다.

그런데 정확히 가격 조사를 한 결과, 500엔으로 가격 결정을 했

을 때 매출이 최대가 된다는 것을 알았다. 표 5-15의 그래프가 그
것이다. 그래서 닛토서비스에서는 보관료를 500엔으로 인상했
다. 결과적으로 고객의 감소는 전혀 없었고 이익은 200엔이 증가
했다. 순식간에 이익이 몇 배가 된 것이다. 그저 '300엔 정도겠지'
하는 식의 가격 결정은 절대 안 된다. 이것은 3,000엔이던 상품이
5,000엔에 팔리고, 3만 엔이던 상품이 50,000엔에 팔리는 것과

표 5-15 닛토 서비스의 보관요금 사례

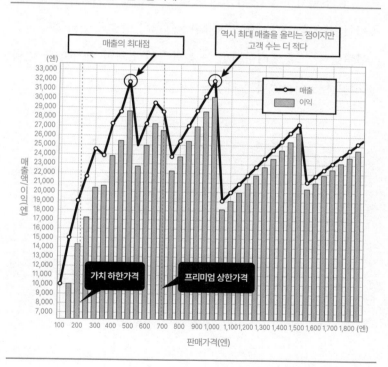

같은 것이므로 가격 조사의 중대성을 실감할 수 있을 것이다.

이제 여러분도 가격 조사 실시 여부가 하늘과 땅 차이라는 것을 충분히 알았으리라 생각한다.

또 한 가지, 닛토서비스가 이처럼 고가격을 실현하기 위해 실시한 서비스나 품질 향상도 눈여겨보아야 할 것이다. 단순히 가격만 인상한 것이 아니다. 직영공장을 가지고 고객이 아끼는 옷을 보다 깨끗하게 클리닝하는 것은 물론, 지구 환경 문제도 고려하는 경영 전략으로 같은 규모의 클리닝 사업체에서는 좀처럼 예를 찾아볼 수 없는 ISO14000 국제환경규격의 인증도 취득했다.

이처럼 겉으로 드러나지 않는 전략적인 경영이 가격 인상 전략을 성공으로 이끌었다는 사실을 잊어서는 안 될 것이다.

6장

비상식적 마케팅: 기업은 어떻게 성장하는가

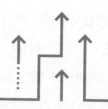

브랜드력과 가격 결정의 균형이
성공을 부른다

이제 가격을 결정하는 구체적인 방법을 충분히 이해했으리라 생각한다.

무엇보다 40통의 설문 조사를 실시하는 것이 우선이지만, 그전에 이런 가격 전략의 성공을 보다 확실하게 하는 비결이 있다.

5장에서 살펴본 가격 결정법을 더 크게 성공시킬 가격 인상 전략은 당신의 회사 자체가 브랜드가 되는 것이다. 즉, 브랜드력을 갖는 것이야말로 가격 전략을 성공시킬 궁극의 수단이다.

지금까지 살펴본 사례와 가격 결정법은 브랜드를 구축하기 위한 프로세스에 지나지 않는다. 브랜드력과 감정가격 결정법을 균형 있게 사용하는 것이야말로 당신의 회사가 더 많은 수익을 낼 수 있는 최적의 방법이다.

브랜드란 곧 신용이다. 브랜드가 없는 회사는 언제까지나 현장의 먼지 날리는 영업력에 매달려 겨우 경영을 유지할 수밖에 없다. 영원히 여유 있는 경영은 불가능하다. 당연히 사장은 60세가 되고 70세가 넘어도 은퇴하지 못하고, 직접 현장에 나가 발이 부르트도록 뛰어야 하는 처지가 되고 말 것이다. 그렇게 되지 않기 위해서라도 가격 전략에 따른 자사의 브랜드 구축은, 앞으로 중소기업에게 빼놓을 수 없는 생존 조건이다.

브랜드를 구축하는 데도 여러 가지 방법이 있다. 돈이 있는 회사는 브랜드 전문가에게 맡기면 될 것이다. 하지만 우리 같은 중소기업에게는 그것이 말처럼 쉬운 일이 아니다.

그래서 지금부터는 브랜드력을 갖추게 될 때까지의 회사의 성장 프로세스에 대해 이야기하고자 한다. 이 프로세스를 살펴보면서 당신의 회사가 어느 단계에 와 있는가를 파악하는 것이 이상적인 첫발을 내딛는 조건이기 때문이다.

내 사업이 애초에 물욕에서 출발했다는 것은 앞에서 고백한 바 있다. 사실은 이것이 브랜드를 구축하게 된 출발점이 되었다. 이제 그 이후의 성장 프로세스를 설명하겠다. 이 단계를 알고 있느냐 없느냐로 가격 전략도 크게 달라진다.

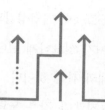

기업의 성장 7단계: 최종 목표는 브랜드

나는 지금까지의 경험을 통해, 기업은 다음의 7단계를 거쳐 성장한다고 분석하고 있다.

1단계는 '물욕'이다. 이것은 자기 성장 욕구의 하나다. 이것이 비즈니스를 시작하는 동기가 되는 경우가 대부분이다. 사회공헌이나 이념실천을 위해 사업을 시작해 성공한 사람은 안타깝게도 거의 없다.

2단계는 '영업력'이다. 영업력이란 판매하는 실력을 말한다. 사업을 시작한 이상 팔지 않으면 안 된다. 누구나 두 눈에 불을 켜고 팔고 또 팔아본 경험이 있을 것이다. 특정인의 영업력에 의존해 사업이 성립되는 단계. 그것이 기업성장의 제2단계다.

3단계가 되면 점점 두뇌가 필요하게 된다. 3단계는 '마케팅력'이다. 이것은 작은 지렛대와 같은 것이다. 지금까지 당신이 키워온 영업력을 증가시키는 지렛대, 작은 노력으로 큰 성과를 낳는다. 더 넓게 잠재적 고객에 접근해서 영업력을 비약적으로 향상시키는 힘이다.

3단계에서는 비즈니스에 대한 폭넓은 지식과 전략 사고가 요구된다. 영업 면에서의 프로세스는 이 단계에서 거의 완성된다고볼 수 있다. 여기까지 오면 직원을 늘리지 않으면 경영이 어려워지게 된다. 경영자에게는 점점 관리자로서의 능력이 요구된다. 이것이 다음 단계다.

4단계는 '관리력'이다. 이것은 큰 지렛대와 같다. 관리력이 생기면 자기와 같은 능력을 가진 인재에게 사업의 대부분을 맡길수 있게 된다. 또 당신과 같은 레벨의 매출을 올릴 수 있는 부서가 몇 개씩 생기는 것도 관리의 힘이다.

3단계까지와 가장 다른 점은, 4단계가 되면 당신 혼자 힘으로는 회사가 지금 이상으로는 발전하지 못한다는 것이다. 타인의힘으로 숫자를 만들어가야 한다는 것을 처음으로 깨닫게 되는 때다. 점차 장사에서 경영의 영역으로 돌입하는 단계다.

5단계가 되면 '시스템력'이 중요해진다. 시스템의 효율화와 영업지원을 위한 컴퓨터 도입, 수작업의 소프트화 등 시스템적인 발상이 요구되는 단계다. 당신 회사의 시스템력이 요구되는 레벨이다.

이것은 두뇌와 문명의 힘을 이용해 회사에 지혜를 부여하는 것이다. 구체적으로 말하면 FA$^{Factory\ Automation}$나 IT화, 회계시스템의 도입 등이 있다. 지금까지 수작업으로 해왔던 고객관리의 시스템화도 그렇다. 업종에 따라서는 CTI$^{Computer\ Telephony\ Integration}$(지원 센터나 콜센터 등에서 흔히 사용한다. 전화가 걸려옴과 동시에 컴퓨터 화면에 전화를 건 사람의 상세한 정보를 표시하는 고객관리 도구의 하나)의 도입 등도 이에 속한다. 홈페이지의 활용도 이 단계다.

물론 기계에 관해서만이 아니다. 예컨대 영업회사라면 롤플레잉 매뉴얼을 만들어 체계적으로 유능한 영업사원을 육성하는 구조라든가, 채용 단계에서 유능한 인재를 발굴하기 위한 테스트나 면접방법 등도 회사의 중요한 시스템에 속한다. 그런 구조를 구축하는 것이 시스템력이다.

6단계는 앞의 단계에서 키워온 모든 것을 통틀어 힘을 발휘하는 것이다. 즉, '조직력'이다. 조직에는 반드시 리더가 필요하지만, 이 단계의 특징은 당신 외에 회사 전체를 인솔해나갈 리더가 존재한다는 것이다. 그리고 당신이 없어도 그 리더가 충분히 회사를 운영해갈 수 있는 단계다.

당연히 그 리더는 제4단계까지의 관리력도 가지고 있으며, 또 5 단계의 시스템에도 능하다. 그런 사람이 출현해서 당신을 대신해 회사를 인솔해가는 상태. 그것이 조직력이 있는 상태다. 이 단계에서는 사장인 당신은 실무에서 거의 손을 떼도 좋다.

마지막 7단계는 '브랜드력'이다. 지금까지의 프로세스를 거쳐온 결과 생성되는 것이 브랜드력이다. 물론 브랜드를 만들어내기 위한 개별적인 노력도 필요하다. CI^Corporate Identity나 로고의 작성, 매스컴 활용 등의 연출도 중요하다. 이들 부분에 특화한 전문가가 존재할 정도다.

회사라는 것은 이런 순서를 밟아 성장하고, 결국에는 '저 회사라면 안심할 수 있다', '저 회사의 제품이니까 사고 싶다', '저 회사니까 이 정도는 당연하다'는 존재가 되는 것이다. 팬도 늘어날 것이다. 이보다 귀한 재산이 또 어디 있겠는가.

이 7단계를 순서대로 마스터하지 못하면 마지막 단계에 도달하지 못한다. 인터넷의 발달로 단계를 뛰어넘어 순식간에 브랜드를 갖는 기업이 최근에는 많지만, 장기적인 시점에서 보면 그것은 결코 바람직한 것은 아니다. 그에 적합한 필요한 경험을 쌓아가는 것이 요구되기 때문이다.

다만, 아주 가끔 창업 전에 이미 브랜드력을 갖추고 있었다거나, 그 재능을 원래부터 가지고 있었다거나, 혹은 혜택 받은 환경에서 기업을 시작한 덕분에 설립 초부터 브랜드력을 가지고 있는 회사도 있다. 하지만 그것은 그것대로 문제다. 창업 초기부터 모든 전략을 브랜드에 맞춰 구축하고, 브랜드의 이미지를 유지하기 위한 노력을 게을리 해서는 안 되기 때문이다.

평범한 중소기업의 경우는 설립할 때는 모든 것이 부족하다. 있는 것이라곤 돈을 벌겠다는 욕심뿐이다. 거기서부터 출발해 브랜드력을 어떻게 키워 가느냐가 최대의 사업 과제다. 이런 경험이야말로 브랜드력을 장기간 보유할 수 있는 초석이 된다.

중요한 것은 창업 당시부터 기업의 성장 단계를 의식하고, 최종적으로 브랜드력을 구축할 것을 목표로 경영에 임하는 자세다.

1장에서 소개했던 리츠의 카나이 유타카는, 창업 초부터 브랜드력을 최대한 의식하면서 경영을 해왔다고 나와의 대담에서 말한 적이 있다. 그것이 바로 그가 성공할 수 있었던 최대 원동력이다. 그것은 가격 전략과도 밀접한 관계가 있다. 싼 가격에 판매하고 있는 회사 중에 브랜드력을 유지하고 있는 곳은 거의 없다.

브랜드 구축을 위한 7단계

1단계: 물욕

자기 성장 욕구

2단계: 영업력

판매하는 능력

3단계: 마케팅력

작은 지렛대

4단계: 관리력

큰 지렛대. '장사'에서 '경영'의 영역으로

5단계: 시스템력

시스템의 효율화와 영업지원의 시스템 발상

6단계: 조직력

회사 전체를 인솔해갈 리더가 있음

7단계: 브랜드력

'신용'을 상품으로

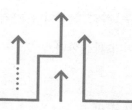

사업 확장을 위한
세 가지 전략 모델

지금은 브랜드력이 있다고 해서 다 엄청난 실적을 거두는 시대가 아니다. 또 브랜드력을 갖기 이전의 단계에 있으면서 새로운 사업을 시작하려고 고심하는 경우도 많다. 가격 전략의 문제가 아닌 것이다.

나는 사장이라면 누구나 생각해야 할 전략 모델, 어떤 업계에서나 응용할 수 있는 전략 모델로 다음 세 가지를 생각하고 있다. 가격 전략을 성공시키기 위한 필수조건이 바로 이 세 가지 발상이다.

이 중 어느 것 하나라도 실현할 수 있다면, 수익은 증가하고 나아가 당신이 목표하는 가격 인상이나 가격 전략을 가능하게 할 사업으로 발전할 것이라 확신한다.

전략 모델 1: 온라인 판매

첫 번째 전략 모델은 '지금 이 사업을 통신판매로 할 수 없을까?'를 생각하는 것이다. 점포를 찾지 않더라도, 영업사원이 방문하지 않더라도 팔 수 있는 구조를 생각하는 것이다.

예를 들면, 전국에 가맹점을 가진 '꽃 큐피트'는 생화의 통신판매로 성공했고, 또 소비자에게 큰 편리성을 제공했다. 지금까지는 꽃은 가까운 꽃집에서 사서 직접 들고 가든가 아니면 보낼 곳과 가까운 꽃집에 주문해서 배달해주도록 했다. 하지만 꽃 큐피트에서는 어디서든 전국 어디에나 꽃을 보낼 수 있다. 꼭 꽃을 보내야 할 사람에게는 정말 편리하고 고마운 존재다.

나도 NTT 대리점 사업에서, 방문 판매가 상식이던 가운데 통신판매 형식의 영업으로 성공했다. 통신판매 중에는 물론 인터넷도 포함된다. 책을 인터넷에서 사는 것은 당연한 것이 되었고, '책은 서점에서 사는 것'이라는 상식은 이제 옛말이 되었다. 이제 인터넷에서 살 수 없는 것은 없을 정도로 인터넷 쇼핑은 보편화되었다.

사업을 통신판매로 하고자 한다면 자동적으로 전략 발상이 되지 않을 수 없다. 자연히 고부가가치가 될 수밖에 없다. 따라서 가격 인상이나 고가격 전략도 가능해진다. 지금 사업의 구체적인 타개책으로 '통신판매로 해보면 어떨까?' 하는 발상을 신중하게 생각해보길 바란다.

전략 모델 2: 노하우 판매

두 번째 전략 모델은 '나의 사업 성공 노하우를 동업자에게 판매할 수 없을까?' 하는 것이다. 이것은 컨설턴트적인 발상이다. 동업자에게 자신의 성공 노하우를 판매한다는 것이 핵심이다.

예를 들면, 한 주택 영업의 샐러리맨은 주택 관리회사에게 자신이 성공한 사례의 노하우를 판매해서 성공했다. 더스킨DUSKIN(청소 및 생활용품 대여와 청소대행업과 미스터도너츠와 같은 식품업 등을 하는 일본기업)의 한 프랜차이즈는 경영품질상을 수상한 이래 컨설팅 사업부를 설립했다. 구조 만들기의 노하우를 동업자와 동업자 외의 기업에 판매하고, 사장이 직접 학술회 등을 개최하고 있다.

나도 '기업 지원'이라는 콘셉트로 1998년부터 나 자신의 사업 성공의 경험과 노하우를 제공하는 대가로 돈을 받고 있다. 대상은 예비 기업가와 현역 경영자, 말하자면 동업자인 셈이다.

공부하기를 좋아하고, 자금이 풍부하고, 이익을 크게 내는 업계인지 확인해보라. 그런 업계일수록 노하우를 팔아서 성공하기 쉽다. 공부하길 좋아하지 않으면 노하우를 사서까지 배우려 하지 않을 것이고, 돈이 없으면 사고 싶어도 살 수 없다. 또 이익이 큰 업계는 돈을 주고 노하우를 사더라도 하나만 팔면 본전을 찾을 수 있다는 발상이 있어서, 그들에게 노하우를 팔기 쉽다.

전략 모델 3: 교육사업화

세 번째 전략 모델은 자신의 회사나 자기 개인이 지금까지 쌓아온 경험과 노하우를 '교육사업으로 확장할 수 없을까?' 하는 발상이다.

이것도 앞에서 소개했지만, 내가 직접 실현하고 있는 것이다. 사업을 시작하려는 사람들을 대상으로 세미나나 노하우를 패키지로 판매하고 있다. 내가 강의하는 포토리딩이라는 속독술도 교육사업의 일종이다. 포토리딩의 개발자인 폴 쉴리Paul R. Scheele는 책을 빨리 읽을 수 있다는 경험과 연구 성과를 교육사업으로 실현하여 크게 성공시켰다.

그 외에도 일상적인 예로는 주부가 수납 컨설턴트를 한다거나,

전직 스튜어디스가 매너 강좌를 개최하거나 전문학교를 설립하거나 하는 것도 이 전략 모델에 속한다.

만일 당신의 가게나 회사가 몇십 년 이어오고 있는 전통이 있다면, 지금 당장의 경영이 왕성하지는 않더라도 지금까지 쌓아온 역사와 노하우는 팔릴 가능성이 충분히 있다. 혹은 그것 자체는 팔리지 않더라도 그것을 상품이나 가게의 부가가치로 활용할 수 있는 방법을 찾을 수 있을 것이다.

얼마 전 개원한 지 20주년을 맞은 도쿄 디즈니랜드에 다녀왔는데, 거기에서도 '20주년이라는 역사'를 멋지게 상품으로 승화시키고 있었다. 꼭 교육사업이 아니라도 좋다.

이 세 가지를 염두에 두고 당신의 사업을 다시 한 번 되돌아보기를 바란다.

기존 상품에 이 전략들을 적용해도 좋고, 기존 상품의 구매자에게 안내해도 좋고, 신규 사업으로 개발해도 좋다. 어느 경우든 싸게 팔 필요는 없다. 동시에 이것은 당신 회사의 브랜드력 구축에도 크게 공헌할 것이 분명하다.

가격 전략이 있으면
무섭지 않다

저가격 전략을 취하더라도 대기업은 그런대로 살아남을 수 있을지 모르지만, 중소기업은 사정이 다르다. 이익이 남을 가능성 자체가 없어지고 만다.

그런 장래의 리스크를 줄이기 위해서라도, 지금 당장 당신의 상품 가격을 바꾸고 사업 체제를 재정비해야 한다. 이것만 성공한다면 당신 기업은 몰라보게 성장할 것이다.

주변의 다른 기업들이 차례차례 무너지기 때문에 고객은 살아남은 기업으로 대거 몰려들게 된다. 그러므로 앞으로 살아남는 기업은 자연스럽게 급성장하게 된다. 그것이 불황 속에서 파도타기에 성공한 기업의 특징이다.

미래가 암담하게 느껴지겠지만, 가격 전략을 터득한 여러분은 결코 두려워할 필요가 없다. 가격 전략을 가진 회사가 더 많이 버는 시대가 된 것이다.

그 극소수의 성공자가 되는 열쇠를 당신은 이미 손아귀에 쥐고 있다. 나머지는 당신이 언제부터 실행에 옮기느냐 하는 것뿐이다.

당신이 매긴 가격은 너무 싸다

가격 전략은 중소기업이 반드시 알아야 할 중요 노하우다. 비용을 허투루 쓰는 데는 단돈 1엔이라도 금방 알아차리지만, 판매가격을 잘못 설정해서 보는 손실은 1억 엔이라도 좀처럼 알아채지 못하기 때문이다. 비용의 삭감이 한계에 와있는 지금, 그 중요도는 높아만 간다.

가격 전략은 지금까지 소홀히 했던 분야인 만큼 더 각광을 받는 노하우다. 그 파도에 한시라도 일찍 올라탄 사람은 보다 빨리 수익 증가 효과를 누릴 수 있다.

경영자 대부분이 가격을 싸게만 설정하려고 하는 가운데, 약 10

년 전부터 그와는 전혀 반대되는 방향의 경영을 고집해온 나의 사례는 이단 그 자체였다. 그러므로 책으로 정리하는 것이 쉽지 않았다. 하지만 여러 사업을 성공시키고, 30대 전반의 나이에 회장이 되어 실무 현장에서 물러날 수 있었던 것은 바로 가격 결정과 가격 인상 전략이 있었기 때문이었다.

중요한 것인 만큼 다시 한 번 말한다.

비즈니스를 성공시키는 요인은 가격 결정과 가격 인상 전략이다.

당신이 상품에 붙이고 있는 가격은 너무 싸다. 지금 당장 가격 평가를 다시 하고 가격 인상을 실천하라. 가격 인상에 비용은 필요치 않다. 인상한 가격이 그대로 이익이 된다. 가격 인상을 고려하지 않는 것이 곧 손해다. 물론 서비스와 품질 향상을 병행하는 것도 잊어서는 안 된다.

가격 결정론을 진지하게 고민하는 독자에게, 이 책에서 처음으로 소개한 '감정가격 결정법'은 그야말로 강력한 무기가 될 것이다. 그것은 이익을 최대화하는 가격을 미리 알 수 있을 뿐 아니라, 상품의 판매 예측까지도 아주 정확하게 예측할 수 있는 획기적인 노하우다. 설문 조사를 고작 40통만 하면 가능하다!

대부분의 경영자는 경쟁사의 가격을 의식해서 자사 상품의 가격을 설정한다. 아마 당신도 그럴 것이다. 경쟁사도 마찬가지다. 이게 무슨 뜻일까? 서로가 앞다퉈 가격을 너무 싸게 하고 있다는 말이다. 당신은 그 사실에 한시라도 빨리 눈을 떠야 한다. 사업 부진의 원인을 정부나 경기 탓으로 돌리고 있을 시간이 있다면, 5장에 소개한 가격 조사 방법만이라도 순서대로 실행해보기 바란다.

하루라도 빨리 잘못된 가격 설정에서 벗어나야 한다. 그것이 성공에 이르는 지름길이다.

비싸야
잘 팔리는
비상식적
마케팅

옮긴이 김경인

오랜 시간 일한전문번역가로 활동하면서 그 인연으로 일본의 근현대문학을 공부했다. 일본의 재난문학 연구를 전공했으며, 현재는 번역작업과 함께 전남대학교 일본문화연구센터에서 연구에 매진하고 있다.

주요 역서로는 《고해정토》, 《돼지가 있는 교실》, 《공해원론》(공역) 등이 있고, 저서로는 《한국인 일본어 문학사전》(공저), 《재난공동체의 사회적 연대와 실천》(공저) 등이 있다.

비싸야 잘 팔리는
비상식적 마케팅

초판 1쇄 발행 2024년 5월 27일

지은이 스도 코지
감수자 간다 마사노리
옮긴이 김경인
펴낸이 최현준

편집 구주연, 강서윤
디자인 Aleph design

펴낸곳 빌리버튼
출판등록 2022년 7월 27일 제 2016-000361호
주소 서울시 마포구 월드컵로 10길 28, 201호
전화 02-338-9271
팩스 02-338-9272
메일 contents@billybutton.co.kr

ISBN 979-11-92999-35-7 (13320)